이나모리 가즈오

일심
일언

KOKORO WO TAKAMERU, KEIEI WO NOBASU by Kazuo Inamori
Copyright ⓒ Kazuo Inamori 2004
Preface Copyright ⓒ Kazuo Inamori 2013
All rights reserved.
First original Japanese edition published by PHP Institute,Inc. Japan.
Korean translation rights reserved by The Korea Economic Daily &
Business Publications, Inc. arranged with PHP Institute,Inc. Japan.

이 책의 한국어판 저작권은 크릭앤리버 에이전시를 통해 PHP와의
독점계약으로 한국경제신문 (주)한경BP에 있습니다.
신 저작권법에 의해 한국 내에서 보호를 받는 저작물이므로
무단전재와 무단복제를 금합니다.

이나모리 가즈오

일심
일언

어떻게 일하고 어떻게 살 것인가

이나모리 가즈오 지음 · 양준호 옮김

Mind
Body
Spirit
Soul
Harmony
Joy
Love
Peace
Hope
Truth

한국경제신문

일심
일언
| 차례 |

한국 독자들에게 008
들어가며 012

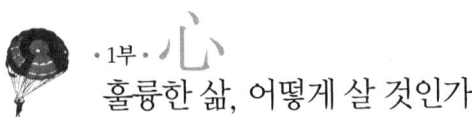

· 1부 · 心
훌륭한 삶, 어떻게 살 것인가

1장 훌륭한 인생에 대해 묻다

굳건한 마음을 가져라 _ 018

꾸준한 거북이가 토끼를 이긴다 _ 021

인생의 목적이 미래를 바꾼다 _ 026

2장 일이란 무엇인가

왜 일하는가 _ 032

스스로 불타오르는 사람이 되라 _ 037

끝까지 꿈을 놓치지 말고 몰두하라 _ 042

절대로 중도에 그만두지 마라 _ 045

3장 고난과 시련을 이겨내는 힘

벽을 뛰어넘으려면 끈기가 필요하다 _ 052

간절한 마음으로 정면돌파하라 _ 055

피하지 말고 부딪쳐라 _ 060

집중력을 키워 올바른 판단을 하라 _ 064

언제든지 원점으로 돌아가라 _ 070

마음의 차원을 한 단계 높여라 _ 075

4장 나를 단련한다는 것

불가능에 도전하는 강렬한 열정을 준비하라 _ 082

자신과의 싸움에서 승리하라 _ 087

순수한 열정을 키워라 _ 091

의지하거나 타협하지 않는다 _ 096

'보일 때까지' 생각하라 _ 099

가지고 있는 가능성에 도전하라 _ 103

· 2부 ·
일의 성공, 어떻게 일하는가

5장 리더란 누구인가

집단을 행복으로 이끈다 _ 112

창의적으로 깊이 생각하라 _ 115

올바른 판단은 건강한 정신과 육체에서 나온다 _ 118

자기를 희생할 용기를 가져라 _ 122

직원의 에너지를 끌어올리는 능력 _ 127

6장 어떻게 사람의 마음을 얻을 것인가

사고방식을 공유한다 _ 134

높고 훌륭한 것일수록 힘을 발휘한다 _ 139

마음을 감동시키고 움직여라 _ 145

자신보다 상대의 이익을 먼저 생각하라 _ 151

항상 공명정대하라 _ 154

7장 조직은 무엇으로 성장하는가

오늘 하루 최선을 다하라 _ 160

꿈에 취한 열정으로 시작하라 _ 163

끊임없이 옳은 길을 걷고 있는지 돌아보라 _ 168

고정관념의 틀을 깨라 _ 172

욕심을 버리는 것이 비결이다 _ 177

가격을 결정하는 것이 경영이다 _ 181

8장 리더의 길에 답하다

마음을 바로 세우고 덕을 높여라 _ 186

'보이는' 목표를 설정하라 _ 192

커다란 사랑에 눈을 뜬 균형 있는 사람 _ 197

한국 독자들에게

어떻게 일하고
어떻게 살아야 하는가?

1959년, 나는 맨손으로 교세라를 창업했다. 여러모로 부족한 환경이었지만 창업 동료들과의 굳은 신뢰와 열정이 있었기에 가능했다. 우리는 언제나 창의적인 연구를 해왔고, 교세라를 일본 유수의 급성장, 고수익 기업으로 성장시킬 수 있었다.

회사가 창립되고 30주년을 맞았을 때 나는 회사 발전의 기반이 된 나의 철학을 차분히 정리해보았다. 애초에는 사내에서만 보는 인쇄물로 발간하려던 생각이었다. 그런데 교세라 직원뿐 아니라 많은 후배 경영인들에게도 이 글을 소개하고 싶다는 출판사의 끈질긴 요청이 있어 책으로 출간하게 되었다.

이 책은 '마음을 갈고닦아 마음가짐을 함양하면 일의 능률이 오르고 인생의 질도 향상된다'는 나의 지론이 고스란히 담긴 책이다. 여기 담긴 내용은 결코 공리공론이 아니다. 일을 하며 때로 고통스럽게, 때로는 성취감을 느끼며 하나하나 몸으로 배워 얻은 것들이다.

나의 첫 저서이기도 한 이 책은 다행히 독자 반응이 좋아 출간 직후 판매량 10만 부를 넘는 베스트셀러 반열에 올랐다. 이후 23년이 지났지만 개정판을 거듭하며 30만 부를 돌파했고 지금도 계속 독자의 사랑을 받고 있다. 중국, 대만, 브라질 등에서도 정식 출간되었고, 본서를 바탕으로 미국에서 재편집된 《성공에 이르는 열정(Passion)》은 11개 언어로 번역 출판되어 세계 시장에서 55만 부에 이르는 판매고를 올렸다.

이 책의 운명처럼 나의 사업도 순조롭게 발전해왔다. 교세라는 창업 이래 한 번도 적자 없이 고수익을 유지해왔고, 제2전전(현 KDDI)도 일본 2위 통신사업으로 성장하고 있다. 또한 일본항공(JAL)도 현재 세계에서 가장 수익성이 높은 항공회사로 새롭게 거듭나고 있다. 어떻게 이런 일이 가능한가라는 질문을 자주 받는다. 내 대답은 한결같다. 일을 해오는 동안 나는 어떻게 일하고 어떻게 살아야 하는지, 이 책에 담은 인생·성공철학을 충실히 실천해왔을 뿐이다. 그러한 의미에서 이 책 속 나의 철학이 직업의 종류나 개인의 성향을 불문하고 올바른 방향을 제시하고 있다고 감히 자부한다.

이 책 이후로 나는 수많은 출판사로부터 출간 요청을 받았고, 이후 써낸 책이 어느새 38권(공저 포함)에 달한다. 총 발행부수는 세계적으로 740만 부를 넘어섰다. 전문 필자가 아닌 사람으로서 황송한 노릇이다. 인간으로서 마땅히 가져야 할 기본적인 윤리관과 도덕관에 기본을 둔 나의 철학이 국경이나 언어, 민족, 종교, 시대의 벽을 뛰어넘어 보편적으로 통한 까닭이 아닌가 생각한다.

이 책이 늦게나마 한국에서 출판되어 감사하고 또 다행스럽게 생각한다. 한국인은 진솔한 인간의 삶을 추구해온 진지하고 성실한 사람들이다. 그러므로 한국에서 이 책이 보다 깊고 넓게 이해받지 않을까 기대해본다.

눈부신 경제 발전을 이룩한 한국에서 많은 독자들이 이 책을 통해 보다 가치 있는 인생, 보다 훌륭한 경영을 실현하길 바란다. 그리하여 누구보다 가까운 이웃관계인 한일 양국의 상호이해를 촉진하는 데 일조하기를 바라마지 않는다.

이나모리 가즈오

들어가며

젊을 때에는 부모와 교사, 직장 상사로부터 주의를 받거나 무언가 가르침을 받더라도 반발하기 쉽다. 나도 부모로부터 "젊을 때 고생은 사서도 한다"는 말을 들었을 때, 종종 "젊을 때 고생은 팔아서라도 하지 마라" 하고 말을 바꿔치며 반발했던 기억이 있다.

    반발할 때는 하더라도, 인생의 선배들로부터 들은 이야기들을 머릿속 한 편에 잘 보관해두는 것만큼은 잊지 말자. 스스로 인생을 걷기 시작하는 것은 지도도 없는 대양에서 노를 젓기 시작한 것과 같다. 그때 인생의 선배들로부터 배운 것들이 하나의 나침반이 되어줄 것이다.

이 책을 통해 내가 하는 이야기도 그와 같다. 여러분 중에는 내가 말하고자 하는 이야기에 반발하거나 흥미를 가지지 못하는 이들이 있을지 모른다. 충분히 이해한다. 그러나 여러분이 일을 할 때나 인생을 살아가는 도중에 장애와 맞닥뜨렸을 때, 지금의 이야기를 떠올려주었으면 하는 바람이다.

지금부터 들려주는 이야기는 내가 직장생활을 하면서 괴로워하고, 인생을 살면서 고민하는 와중에 어렵게 습득한 내용이다. 언젠가는 여러분에게 적지 않은 도움이 될 수 있으리라 생각한다.

/ 훌륭한 인생에 대해 묻다

/ 일이란 무엇인가

/ 고난과 시련을 이겨내는 힘

/ 나를 단련한다는 것

1부

훌륭한 삶,
어떻게 살 것인가

성인군자가 되라는 이야기가 아니다. 모든 사람이 일 중독자가 될 필요도 없다. 중요한 것은 '스스로 일하는 즐거움'을 발견해내야 한다는 점이다. 의미 없이 하루하루를 보내며 인생이 가진 본래의 목적을 잃어버려서는 안 된다는 이야기다.

| 1장 |

훌륭한 인생에 대해 묻다

굳건한
마음을
가져라

인간이란 그리 똑똑하지 않은 존재일지 모른다. 그렇기에 지난 시절을 돌이켜보며 "그때 이렇게 했으면 좋았을 텐데." 하면서 아쉬움을 갖지 않는 사람이 거의 없다.

자녀가 젊은 혈기로 무언가 조급히 시도하려고 할 때, 부모는 습관처럼 "후회하지 않도록 신중하라"고 되풀이하여 충고한다. 부모 역시 젊은 시절을 돌이켜보면 후회할 일이 한두 가지가 아니기 때문이다.

젊은 시절 **뼈아픈** 실패를 겪었기에 자녀가 같은 실수를 되풀이하지 않도록 더욱 걱정스레 주의를 주는 것이리라.

그럼에도 부모와 자녀 모두 인생에서 같은 실수를 반복한다. 어린 시절에 이러한 인생의 교훈을 능히 깨쳤다면 좋았겠지만, 이는 누구에게도 쉬운 일이 아니다.

나는 교토에 위치한 작은 회사의 일반 사원으로서 사회에 첫발을 내디뎠다. 그런데 월급이 연체되는 일도 잦고 장래성도 보이지 않는 등의 현실적인 문제 때문에 회사를 사직할까 고민하게 되었다. 이 일로 형님과 상의했으나 그대로 회사에 머물기로 했다. 당시의 회사 사정이나 집안 사정으로 봤을 때 쉽게 이직할 수 있는 상황이 아니었다. 나는 마음을 다잡고, '좋다! 이왕 이렇게 된 바에야 지금의 일에서 즐거움을 찾자'라는 마음가짐으로 스스로를 변화시켰다. 그러고는 내가 처한 환경에서 나 자신만의 길을 개척해나갔다.

이후로 연구에 몰두하여, 다행히도 훌륭한 결과들을 만들어낼 수 있었다. 우수한 인재가 별로 없는 회사였기에 쉬 상사의 눈에 띄고 인정을 받을 수 있었다. 이로 인해 더욱 큰 의욕이 생기고, 더욱더 노력하게 되어 다시 칭찬과 보상을 받는 선순환이 이어졌다. 그렇게 내 인생은 크게 발전해나갔다.

처음부터 좋은 직장 환경과 조건에서 사회생활을 시작했다면 오늘의 나는 없었을지 모른다. 젊은 시절의 실패와 고생이 있었기에 이를 교훈삼아 남은 인생을 보다 훌륭하게 살아갈 수 있었다. 그리하여 당시에는 후회스럽고 불운했던 일이, 훗날 돌아보니 더없는 행운이었음을 깨달을 수 있었다.

실패와 좌절을 성공으로 바꾸기 위해서는 늘 굳건한 향상심(向上心)을 가질 필요가 있다. 자신의 모자람과 잘못을 솔직하고 겸손하게 반성할 줄 알아야 한다. 자신을 엄격하게 들여다볼 수 있어야 한다.

인생이란, 긴 안목으로 보지 않으면 그 진정한 모습을 헤아릴 수가 없는 것이다.

꾸준한 거북이가 토끼를 이긴다

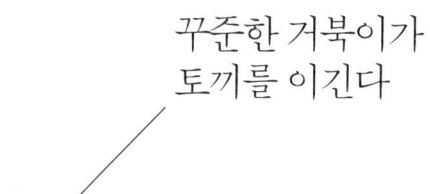

세상의 모든 젊은이는 "위대한 일을 이루고 싶다"는 꿈과 희망을 품고 있어야 한다.

그런데 한 가지, 세상의 모든 '위대한 일'은 한 걸음 한 걸음 서두르지 않는 착실한 노력에서 비롯된다는 것을 알 필요가 있다. 꾸준한 노력이 함께하지 않는 꿈이란 단지 몽상에 지나지 않는다.

인생의 여정을 수순대로 밟지 않고 단번에 목적지로 풀쩍 건너뛸 수 있는 마법 같은 것은 존재하지 않는다. 꿈을 실현하기 위한 손쉬운 방법이나 지름길 같은 것 또한 없다. 처음부터 끝까지 발을 움직여 스스로 나아가는 수밖에 없다. 한 걸음 한 걸음 애벌레처럼 꾸준히 나아가는 것이야말로 위대한 목표에 도전하는 작지만 가장 분명한 자세다.

길이 이렇게 먼데 꾸물꾸물 기어가야 하다니, 조급증이 날 수도 있을 것이다. 이래야 남달리 큰일을 과연 해낼 수 있을까 걱정스러울 수도 있을 것이다. 그러나 믿음을 가져라. 현실은 생각하는 것과 다르다. 한 걸음 한 걸음이 모여 쌓인 결과는 생각지도 못한 상승작용을 이끌어낸다.

꾸준한 노력은 작은 성과를 만들고 그 작은 성과들이 더 큰 노력과 성과를 이끌어낸다. 그리하여 거듭되는 연쇄작용으로 마침내 믿지 못할 만큼 높은 곳까지 나를 데려가 준다. 이야말로 일의 터전과 인생의 길목에서 높은 꿈을 실현시킬 수 있는 유일하고도 확실한 방법이다.

나는 경마나 경륜 같은 도박에는 별 관심이 없다.

로또 복권 한 장 사본 적이 없다. 인생이란 긴 무대를 살아가는 매 순간이 따지고 보면 늘 손에 땀을 쥐게 하는 승부의 세계 아닌가. 거기에 비하면 그깟 도박이야 시시한 놀이에 불과하지 않은가.

인생이란 끝없는 승부의 연속이다. 나 스스로가 원해서 선택한 운명, 그래서 치열하게 경쟁하고 승부해야 하는 매일이 늘 짜릿하고 즐겁다. 내가 선택한 길이 아니라면, 어쩔 수 없이 해야 하는 일이라면, 매일매일 숨 가쁜 경쟁에 내몰린 상황이 괴로워 견딜 수 없었을 것이다. 그래서 일 외의 다른 즐거움을 찾아 헤매었을 것이다.

성인군자가 되라는 이야기가 아니다. 모든 사람이 일 중독자가 될 필요는 없다. 중요한 것은 '스스로 일하는 즐거움'을 발견해내야 한다는 점이다. 의미 없이 하루하루를 보내며 인생이 가진 본래의 목적을 잃어버려서는 안 된다는 이야기다.

직장에서의 성공과 인생에서의 성공은 모두 어려운 일이다. 두 가지 모두를 이루는 것은 당연히 훨씬 더 어려울 것이다. 우리처럼 평범한 사람들이 두 가지 분야에서 큰 성공을 거둘 수 있는 방법이 과연 있을까?

이 질문에 대한, 나 자신의 경험에 근거한 대답은 이것이다.

> 직장·인생에서의 성공 = 주관적 사고 × 열정 × 능력

능력이란 타고난 두뇌와 더불어 신체의 건강까지 포함하는 다분히 선천적인 부분이다. 반면에 열정은 의지로 얼마든지 발전시킬 수 있다.

이러한 '능력'과 '열정'은 0부터 100까지 점수를 매길 수 있으며, 이 숫자는 시간이 갈수록 늘어난다. 결국 자신의 능력을 과신하여 노력을 게을리하는 사람보다는 겸손하게 자신의 부족함을 인정하고 누구보다 열심히 노력하는 사람이 훨씬 훌륭한 결과를 만들어낼 수 있다.

여기에 곱해지는 또 하나의 수치가 바로 '주관적

사고'다. 주관적 사고란 인간이 인간으로서 가지는 삶의 자세다. 다시 말해 자기 나름의 인생철학으로, 마이너스 100에서 플러스 100점까지 점수를 매길 수 있다.

세상에 대해 부정적인 사고방식을 가지고 있다면, 견실한 삶의 방식을 부정하는 사고방식을 가지고 있다면, 이 수치는 마이너스가 된다. 그리하여 인생과 직장에서의 능력과 열정이 크면 클수록 더욱 큰 마이너스 점수가 되는 것이다.

당신의 사고는 얼마나 건강한가?

당신의 인생철학은 얼마나 긍정적인가?

그리고 당신은 스스로 일하는 즐거움을 얼마나 이해하고 있는가?

인생은 끝없는 승부의 연속이다. 그 결과에 영향을 미치는 것은 능력과 열정, 주관적 사고이며 그중에서도 주관적 사고가 가장 중요하다는 사실을 명심하자.

인생의 목적이
미래를 바꾼다

 인생이란 한 편의 드라마이며 이 드라마의 주인공은 바로 당신이다. 일생에 걸쳐 당신은 어떠한 드라마를 만들어갈 것인가. 그리고 지금 이 순간에는 어떤 인생을 연기하고 있는가.

 운명이란 태어날 때부터 이미 정해져 있는 것일지 모른다. 설령 그렇다 해도, 자기 자신의 정신과 마음으로 그 같은 운명을 변화시켜나갈 수 있다고 나는 믿는다. 훌륭한 마음씨는 반드시 하늘에 닿기 때문이다.

운명에 저항하라는 뜻이 아니다. 매일매일 마음과 정신을 닦아가며, 자연스럽게 자신이 쓴 각본의 드라마를 연기하는 주인공이 되라는 것이다. 빨리 깨달을수록 좋다. 스스로를 소중히 생각하며 하루하루, 일분일초 최선을 다해 살아가야 한다.

자신을 변화시키고 성장시켜나갈 수 있는 강렬하고 충격적인 계기가 필요하다. 그러한 계기는 인생의 어느 예기치 않은 순간에 문득 찾아오곤 한다. 그것을 깨닫고 거머쥐려면 고도의 집중력을 가지고 있어야 한다. 그렇지 않다면, 영혼을 뒤흔들 만큼 강렬한 계기라 할지라도 쉬 놓치고 말 것이다.

나태하고 목적의식조차 없이 살아가는 사람과 매사에 집중력을 가지고 성실하게 살아가는 사람. 당장은 큰 차이가 보이지 않는다 하더라도 두 사람이 그리는 인생 드라마는 날이 갈수록 크게 달라질 것이다.

인생의 목적을 잃어버리고 찰나의 순간만을 즐기

며 살아가는 젊은이들, 한 달에 한 번 월급을 받기 위해서 일할 뿐 직장 밖 생활에 더욱 큰 삶의 가치를 두는 회사원들을 흔히 본다. 시대의 흐름이기에 당연한 것일지도 모르지만, 그래서는 인생의 공허함을 이겨낼 수 없다.

일에 열중하고, 세상에 도움이 되고, 자기 자신도 행복하다고 느끼는 삶의 방식이 필요하다. 어느 순간 반드시 그 점을 깨닫게 될 것이다. 부디 그 순간이 너무 늦지 않기를, 적어도 만회할 시간이 남은 나이에 깨닫기를 바랄 뿐이다.

나 자신이 그러했던 것처럼, 결국은 이것이 모두가 바라는 삶의 정답이다. 아무리 시대가 바뀌고 세상이 변해도 올바른 삶을 추구하는 인간의 본질은 변하지 않을 것이다.

미국의 어린 학생들은 고등학교를 졸업할 때까지 '자유롭고 활발하게 인간성을 함양할 수 있는 교육'을 받는다. 이 시기에 학생들은 '무언가를 하고 싶다'는 의욕을 갖게 된다. 이른바 인생의 목표를 양성하는 시기인 것이다.

이후 대학에 입학한 뒤, 그들은 예의 목표달성에 필요한 기초학문을 열심히 공부해나간다. 실제로 미국의 학생들은 자신만의 분명한 목적의식을 가지고 있다. 그리고 그 목표와 깊은 관련이 있는 학문을 익혀나간다.

그런 점에서 우리 학교 교육을 살펴보면 아쉬움이 남는다. 어린 학생들에게 '인생의 목표를 어떻게 설정할 것인가'에 대하여 생각해보게 하고 일깨워주는 교육이 많지 않아서다. 학생들을 가르치는 교사조차도 목표의식 없이 고시 치르듯 공부해서 그 자리에 오른 이들이 많으니, 어찌 보면 당연한 일인지 모른다.

"나는 어떤 사람인가."

"인생을 어떻게 보내면 좋을 것인가."

인생의 초입에서 꼭 필요한 것이 있다면 바로 이런 질문이다. 이 질문의 대답이야말로 인생 전반의 방향을 정하고 그 목표를 이끌어가는 나침반일 수 있다.

세상에는 인생에 대한 목표를 가진 사람과 그렇지 않은 사람이 있다. 초반부에는 큰 차이가 없을지 몰라도, 두 사람의 인생 후반부는 상당히 격차가 벌어져 있을 것이다.

어느 정도 나이를 먹고 인생 경험을 쌓은 사람이라면 세상에 대해, 인생에 대해, 자신이 견지해온 삶의 방식에 대해 자신 있게 이야기할 수 있어야 한다. 그리하여 젊은 사람들에게 존경 어린 공감을 얻을 수 있어야 한다. 인생에 대한 목표를 가지고 충실한 삶을 살아온 사람들만이, 그러한 위치에 서게 되는 것이다.

| 2장 |

일이란 무엇인가

왜 일하는가

'일을 한다'는 것은 과연 무엇일까.

생활을 위해, 먹고 살기 위해, 가족을 부양하는 데 필요한 돈을 벌기 위해 우리는 일을 한다. 그게 첫 번째 이유다. 하지만 그게 전부일까? 그렇다면 당신이 억만장자의 외아들로 태어나 매일 힘들게 일할 필요가 없는 팔자라면 어떨까. 평생 행복감과 만족감을 느끼며 살까?

인간은 단순히 돈을 위해 일하는 것이 아니다. 정

신적인 만족감을 위해, 일을 통한 삶의 보람을 얻기 위해 일을 한다.

일이란 어떤 종류의 것이건 늘 힘들기 마련이다. 대부분이 장시간 집중력을 요하는 작업이다. 이런 일을 다만 '의무감' 때문에 한다면, 다만 그 이유뿐이라면, 이만큼 비극적인 것은 없다. 가면 갈수록 일을 하는 것이 견딜 수 없도록 괴로워질 텐데, 퇴직 때까지 몇십 년 이상 버텨내야 하는 상황이니 말이다.

'하기 싫어 괴로운 일'을 '삶의 보람을 주는 일'로 변화시켜나가야 한다. 그러기 위해서는 실제로 일을 좋아해야 한다. 긍정적인 사고를 통해 내 마음이 그렇게 변화되도록 노력해야 한다.

"회사 때려치우고 싶다"는 말을 입에 달고 다니는 사람이 많다. 내색하지 않지만 당신도 한 번쯤 그런 마음을 가져보았을 것이다. 왜 아니겠는가. 실은 나 역시 회사를 그만두고 싶었던 때가 한두 번이 아니었으니 말이다.

하지만 회피한다고 다가 아니다. 일이 괴로워서 그만둔다고 인생에 무한한 행복이 찾아오지는 않는다. 정말로 일을 그만두고 며칠 정도가 지나면, 어느새 일 생각에 몸이 근질거리는 자신을 발견하게 될 것이다.

늘 바쁘고 책임을 져야 하는 자리라면, 일은 더욱 괴롭기 마련이다. 그러나 괴로운 가운데서도 우리는 일이 있기에 알게 모르게 삶의 보람을 느낀다. 역시 사람은 일을 하는 편이 좋다. 모두 힘들다고 말하면서도 그 삶의 방식을 지속해나가고 있지 않은가. 그것이 바로 일이 삶의 원동력임을 보여주는 생생한 증거다.

곁에서 보면 상상할 수도 없을 정도로 괴로워 보여도, 본인이 좋아서 하는 일이라면 괴롭다는 생각은 들지 않을 것이다.

어떠한 분야건 성공한 사람은 이처럼 자신이 하는 일에 빠져 끝없는 희열을 느끼는 사람들이다. 이는 다시 말해 자신의 일을 좋아하지 않으면 절대로 성공할 수 없다는 얘기이며, 절대로 훌륭한 일을 할 수 없다는 얘기다.

갈수록 경제적으로 풍족해지면서 소득이 오르고 노동시간이 단축되어 인생을 즐기려는 경향이 강해지고 있다. 이것은 시대의 흐름일지도 모른다.

그러나 나는 오늘도 조금 더 일하려 한다. '사랑과 선의를 베푸는 것이야말로 가장 위대한 삶의 방식'이라는 신념 때문이다.

우리가 최선을 다해 일하고 얻은 이익, 이른바 땀의 결정체는 자신뿐 아니라 여러 사람의 행복을 위해 사용되기 때문이다. 세상에는 가난한 사람, 장애 때문에 힘든 인생을 살아가는 사람들이 있다. 지금 이 순간에도 가난과 식량 부족으로 고통받는 세계 각지의 수많은 어린이가 도움의 손길을 기다리고 있다. 그들에게 간접적으로나마 우리 땀의 결실을 나누어줄 수 있기에, 일을 한다는 것은 정말 훌륭한 봉사활동이 될 수 있다.

그렇기에 우리 주변의 많은 사람이 사랑과 선의를

베푸는 의의를 충분히 이해하고 맡은 자리에서 열심히 일하고 있는 것이다.

    바쁜 출근길, 집을 나서는 당신에게 묻고 싶다.

    당신에게 일을 한다는 것은 어떤 의미인가.

    일생에 걸쳐 몰두할 수 있는 일을 당신은 가지고 있는가.

    당신 인생의 행복과 불행은 그 대답이 어떠한가에 달려 있다.

스스로 불타오르는 사람이 되라

　사람은 혼자서는 큰일을 해낼 수 없다. 큰일을 해내려면 직장 상사와 동료, 부하직원들과의 협력이 필수적이다.

　그런데 주변 사람들의 협력은 어디까지나 자발적이어야 한다. 일에 대해 치열하고 적극적으로 임하는 모습을 보여 주변 사람들로부터 자발적인 협력을 이끌어내야 한다. 바로 내가 "소용돌이의 중심에서" 일을 해야 한다는 뜻이다.

자칫 잘못하면 소용돌이의 중심에 선 다른 사람의 주위를 맴돌게만 될 수 있다. 다시 말해 다른 사람에게 협력만 해주다가 삶이 끝날 수 있다.

회사 조직을 잘 살펴보면, 좁은 해협에서 소용돌이치는 조수(潮水)처럼 여기저기에서 끊임없이 일의 소용돌이가 이는 것을 발견할 수 있다. 별생각 없이 그 주변을 서성이다가는 어느 틈엔가 거센 소용돌이에 휘말리게 될 것이다.

자신이 소용돌이의 중심에 굳건히 자리를 잡고 주위를 끌어들일 줄 알아야 한다. 스스로 소용돌이를 일으키는 주체적이고 적극적인 인재가 되도록 노력해야 한다. 그래야 일의 참다운 즐거움을 알 수 있다. 그래야 일에서는 물론, 인생에서도 높은 성과를 거둘 수 있다.

"씨름을 할 때는 씨름판의 한가운데서 하라."

내가 늘 강조하는 이야기다. 씨름판의 한가운데를 씨름판의 경계선으로 생각하고 행동해야 한다. 이 선 밖으로 밀려나면 낙오자가 된다는, 그런 각오로 임해야 한다.

학창시절에 시험을 코앞에 두고서야 전전긍긍 당황하며 밤을 새운 경험들이 있을 것이다. 결국 꼼꼼하고 충분히 공부를 하지 못한 채 기가 죽어서 시험에 임한 적도 있을 것이다. 시험 날짜는 꽤 오래전에 알려졌으니 좋은 점수를 얻고 싶다면 미리미리 준비하면 될 일이다. 하지만 그렇게 차분히 준비하는 학생은 그리 많지 않다.

씨름 경기에서도 경계선에 발이 걸린 위기 상황에 이르면 갑작스레 엄청난 힘을 발휘하여 전세를 역전하는 선수를 볼 수 있다. 그 정도로 대단한 힘을 처음부터 발휘했다면 판세가 더 유리해지지 않았을까?

인생도 이와 같다. 사람들은 평소에는 대충 살아간다. 막다른 구석까지 몰려야 젖 먹던 힘까지 짜내는 힘을 발휘한다. 씨름판의 경계선 같은 궁지에 빠지기 전에 위협을 예측하고 대비하는 일은 좀처럼 없다.

사전에 철저히 계획하고, 만약의 경우를 생각해

안전장치를 마련하는 지혜를 발휘해야 한다. 그렇게 하지 않는다면 인생에서도 업무에서도 성공을 거두기가 쉽지 않을 것이다.

세상 모든 물질은 세 종류로 나뉜다. 불을 가까이 하면 타오르는 가연성 물질, 불을 가까이 해도 타지 않는 불연성 물질, 스스로 불타오르는 자연성 물질이 그것이다. 사람도 이와 같다. 타인으로부터 에너지를 받아 불타는 사람과 타인과는 무관하게 불타지 않는 사람, 그리고 스스로 불타는 사람이 있다.

인생의 높은 목적을 달성하기 위해 우리는 '스스로 불타오르는 사람'이 되어야 한다.

불을 가까이 해도 타오르지 않는 사람, 업무 능력은 있지만 감수성이 부족해 감동하는 능력이 없는 사람은 목표를 달성해나갈 수 없는 사람이다. 당신이 여기 속한다면, 적어도 불타고 있는 사람이 주위에 있을 때 함께 타오르는 사람이 되도록 노력해야 한다.

반복하지만 스스로 불타오르는 사람이 되어야 한

다. 소용돌이의 중심에 서서, 한계점에 다다른 씨름 선수처럼 스스로 불타올라 그 에너지를 타인에게 전해줄 수 있어야 한다. 어느 집단에서건 꼭 필요한 인물의 조건이 바로 그러하다.

끝까지
꿈을 놓치지 말고
몰두하라

   한 가지 일에 몰두하고 마침내 그 '궁극'에 다다름으로써 인간은 세상의 진리를 깨우칠 수 있다. 나는 그렇게 믿는다. 오랜 세월에 걸쳐 맡은 바 작업에 몰두하여 누구 못지않게 훌륭한 기술을 수련한 장인들이 있다. 그분들에게 인생에 관하여 물으면 어디서도 들을 수 없는 값진 이야기를 접하게 되곤 한다. 또한 수행에 정진한 승려나 작가, 예술가 등 한 분야에서 일가를 이룬 분들과도 이야기를 나누다 보면 대단히 함축적이고 훌륭한 진리를 엿들을 수 있다. 바로 이들이 궁극에 다다른 사람들이다.

학교를 갓 졸업하고 회사에 입사한 젊은 사람 중에는 "이렇게 지루한 일들만 계속해서 무슨 발전이 있을까" 회의하는 사람이 적지 않다. 그것은 잘못된 생각이다. 넓고 얕게 아는 것은 아예 모르는 것과 같다. 그러나 한 가지 일을 오래 깊이 몰두해 통달하면 결국 모든 것으로 통하기 마련이다.

모든 것의 저 깊숙한 곳에는 공통된 진리가 있으리라고 나는 생각한다. 그러므로 한 가지를 깊이 아는 것은 모든 것을 알게 되는 것과 다르지 않다.

나는 나를 '꿈을 꾸는 사람(夢を見る夢, 유메오 미루 유메: 언어유희-옮긴이)'이라고 부른다. 어제도 오늘도 얼토당토 않는 꿈을 계속해서 꾸고 있기 때문이다. 그렇게 계속해서 꿈을 꾸며 상상 속의 사업을 전개한다.

세상 누구도 처음부터 꿈을 실행에 옮기진 못한다. 나 역시 머릿속에서 열심히 그려보는 시기를 가졌다. 1~2년가량은 이른바 '꿈의 시뮬레이션'을 펼쳐보곤 했다. 이것을 '강한 바람'이라고 표현해도 좋을 것이다.

강한 바람은, 내가 그것을 계속 껴안고 있으면 반드시 나를 변화시키곤 했다. 그리하여 언젠가부터는 그저 가만히 쉬고 있을 때도 그 바람이 머릿속으로 들어왔다. 무심코 길을 걷다가도 내가 생각하던 것과 관련된 장면이 강렬한 인상으로 떠올랐다. 사람들이 모인 연회장에서도 꿈의 실현을 위해 꼭 필요한 인재에게 절로 눈이 가곤 했다. 강한 바람이 없었다면, 이러한 것들을 그만 놓치고 말았을지도 모른다.

아무것도 아닌 현상 속에 멋진 기회가 숨어 있다. 하지만 그것은 강렬한 목적의식을 가진 사람의 눈에만 보인다. 일이건 인생이건 궁극의 성공을 위해서라면, 늘 목적의식을 가지고 있어야 한다. 중도에 포기해서 되는 일이란 세상에 없다. 끝까지 꿈을 놓치지 않고 몰두해야 한다. 그리고 어느 날 문득 내 곁을 지나가는 기회를 놓치지 말고 꽉 붙들어야 한다.

절대로 중도에 그만두지 마라

누구건 처음부터 일을 잘할 수는 없으며, 처음부터 좋은 일을 할 수 있는 것도 아니다. 누구나 서툴기 마련이며 남들이 보기에 하찮은 일에서 출발하기가 보통이다.

그렇다 해도 처음 일을 시작할 때 우선은 긍정적인 마음가짐을 가져야 하며, 그 다음으로는 주어진 상황에서 끈기 있게 지속하는 자세가 중요하다. 절대로 중도에 그만두어서는 안 된다. 괴로운 시간을 참고 견디며 한 가지 일에만 몰두한 사람만이 훌륭한 결과에 다다를 수 있다.

처음에 결정한 일을 무조건 그 상태대로 평생의 직업으로 삼고 괴로움을 견디라는 말은 아니다. 한결같이 일하면서도 "이게 가장 좋은 방법일까"라는 질문을 자신에게 늘 던져야 한다. 어제와 같은 것을 어제와 같은 방법으로, 어제와 같은 발상으로 반성 없이 처리하는 것은 스스로 인생을 함부로 다루는 것이다.

작은 것이라도 늘 반성하고 개선하려는 마음을 가져야 한다. 모든 일에 대해 "더 나은 방법은 없을까" 하고 질문을 던져야 한다. 그렇게 차근차근 기초를 익히고 늘 스스로 공부해야 한다. 그러다 보면 자연스럽게 발전을 이룰 수 있으며, 어느새 처음의 출발점이 까마득히 내려다보이는 훨씬 높은 곳에 이르러 있게 된다.

바로 이것이 창조다.

매일매일 새롭게 창조하는 인생을 살아야 한다.

그래야 인간으로서 진보할 수 있으며, 직장에서도 매력 넘치는 사람이 될 수 있다.

나는 일에서만큼은 '지나칠 정도'의 완벽주의를 추구하는 것으로 소문이 나 있다.

일이 90퍼센트가량 잘 진행되면 "이걸로 됐어"라며 적당히 멈추고 마는 사람들이 적지 않다. 90퍼센트 정도라면 나름대로 일을 완수한 셈이라고 속 편하게 생각하는 모양이다.

하지만 이런 점을 생각해보자. 화학실험 중에는 99퍼센트까지 잘 진행되었다고 하더라도 나머지 1퍼센트를 성공하지 못하면 전체가 무위로 돌아가는 경우도 있다. 기술·연구 담당부서에서 경력을 쌓은 사람이라면 이런 사사로운 실수가 치명적일 수 있다는 사실을 잘 알고 있다. 매사에 깐깐할 정도로 완벽함을 추구하는 내 습관도 이런 사고에서 시작되었다.

스스로에게 이 같은 완벽주의를 적용하며 살아간다는 것은 무척 괴로운 일일 수 있다. 그러나 습관을 잘 들이면 이런 괴로움을 피할 수 있다. 인공위성이 지구의 인력과 싸우며 대기권을 벗어나려면 엄청나게 많은 에너지를 필요로 하지만, 한번 궤도에 오르면 더는 에너지를 필요로 하지 않는 것과 비슷한 원리다.

모든 것에서 완벽을 추구하는 것이야말로 '매일의 습관'으로 삼아야 할 직장인의 자세다.

직장에서 성공하고 큰일을 해나가려면 치밀하고 섬세하며 꼼꼼한 성격, 호쾌하고 대담한 외향적 성격을 동시에 갖춰야 한다. 언뜻 상반되어 보이는 이 두 가지는 일과 사람관계를 잘 풀어나가는 데 각각의 역할을 할 것이며, 그래서 반드시 필요하다.

TV 시대극을 보고 있노라면 허술한 옷차림에 긴장이 풀린 모습으로 술을 마시고 있던 사람이 등 뒤에서 은밀히 다가오는 적의 발소리를 눈치 채고 어깨 너머로 상대를 단칼에 베어 넘기는 장면이 종종 등장한다. 그런 모습이야말로 진정한 검호이며 섬세함과 대담함을 함께 갖춘 생생한 표본이다.

대담함만으로는 완벽한 일처리가 불가능하다. 그리고 섬세함만으로는 새로운 것에 도전하는 용기를 가질 수 없다.

대담함과 섬세함이라는 서로 다른 성격을 두루 갖추어, 닥친 상황에 따라 그 기질을 적절히 활용할 수 있는 사람이야말로 최고의 인재다. 개인적으로 나는 섬세하고 날카로운 감각의 소유자가 경험을 쌓으며 진정한 대담함과 용기를 몸에 익히는 것이 가장 이상적이라고 생각한다.

처음부터 완벽한 사람은 없다. 섬세한 감각의 소유자라면, 적극적으로 기회를 찾아 자신의 용기와 대담함을 끌어내도록 노력해보자.

인생은 길다. 그 긴 여정에는 여러분 중 누구도 바라지 않는 역경의 시기가, 힘들고 괴로운 때가 반드시 있다. 하지만 시련에 져서는 안 된다. 그럴 때야말로 이를 악물고 이상을 향해 더욱 힘차게 나아가야 한다.

| 3장 |

고난과 시련을 이겨내는 힘

벽을 뛰어넘으려면 끈기가 필요하다

 성공한 사람과 성공하지 못한 사람의 차이는 종이 한 장에 불과하다. 성공하지 못한 사람이라고 무조건 능력이 부족한 것은 아니다. 그들 중에서도 성공한 이들 못지않게 성실하고 불타는 열의를 가진 노력파들이 있다.

 그럼에도 세상에는 성공하는 사람과 실패하는 사람이 존재한다. 말했듯 두 사람의 차이는 종이 한 장에 불과한데, 그것은 어쩌면 넘어설 수 없는 커다란 간격일 수 있다. 어쩌면 세상이 불공평한 것인지도 모르겠다.

그런데 성공하지 못하는 사람들에게는 분명한 하나의 공통점이 있다. 바로 끈기가 없다는 것이다. 하는 일이 뜻대로 풀리지 않을 경우, 그들은 쉽게 포기해버리곤 한다. 꾸준히 노력은 하되 평범한 노력에 지나지 않는다. 그리고 벽에 부딪히면 그럴듯한 이유를 만들어 단념하며 스스로를 위로한다.

뒤집어 말해, 성공하려면 끈기가 필요하다.

아무리 무리라고 판단되는 일이라도 끈기를 가지고 끝까지 완수하여 반드시 성공시키고자 하는 자세를 가져야 한다. '내 능력은 여기까지'라는 낡은 고정관념은 성공으로 가는 길에 발목을 잡는 방해 요소다.

이들에게는 벽을 뛰어넘는 성공 체험이 필요하다. 크든 작든 자신의 앞을 막아선 벽 하나를 뛰어넘었을 때 자부심과 자신감이 솟구치고, 이는 그 사람에게 강인한 끈기를 선물한다. 그 끈기가 그를 성공으로 한층 더 가까이 이끌어줄 것이다.

늘 끈기를 가지고 새로운 영역에 적극적으로 도전해야 한다. 끈기와 도전이 없으면 기업이건 개인이건 밝은 미래를 장담할 수 없다.

물론 새로운 영역이란 기술개발 측면이나 시장개척 측면에서 상당히 어려운 문제다. 새로운 영역으로 나아가기까지, 경험한 적 없는 장애와 상상도 못 할 어려움이 우리를 기다리고 있다. 그 장벽을 부수려면 굉장한 에너지가 필요하다.

일찍이 나는 "일을 할 때는 미쳐라"고 강조해왔다. 장벽을 넘기 위해서는 그만큼 크고 강력한 에너지가 필요하기 때문이다.

에너지란 일하는 사람들 고유의 열정이다. 타버릴 것 같은 열의, 지치지 않는 근성과 집념. 이런 것들이 장벽을 뛰어넘는 에너지원이자 도전의 필요조건이다.

미치도록 강렬한 에너지를 발휘해 내 앞을 가로막은 장벽을 보기 좋게 뛰어넘어야 한다. 그래야 새로운 분야에서 달콤한 성공을 쟁취할 수 있다.

간절한
마음으로
정면돌파하라

 1965년 어느 날, 마쓰시타 고노스케 씨의 '댐식 경영'에 관한 강연을 들을 기회가 있었다. "댐을 만들어 그곳에 항상 일정량의 물을 비축해놓듯 준비와 여유가 있는 경영을 해야 한다"는 내용이었다.

 강연 막바지에 누군가 이런 질문을 했다.

 "저도 댐식 경영에 큰 감명을 받았습니다. 하지만 지금 당장 여유가 없는데, 이럴 때는 어떻게 해야 좋을까요?"

그러자 마쓰시타 씨는 이렇게 일축했다.

"그 방법은 저도 모릅니다. 하지만 여유가 없으니 불가능하다고 생각해서는 안 됩니다."

그러자 누군가 "전혀 답이 되지 않는다"고 중얼거렸고, 좌중에 술렁술렁 실소가 번졌다. 하지만 나는 그 대답에서 강렬한 인상을 받았다.

마쓰시타 씨가 의미하는 바는 명확했다. "간절히 원하지 않는다면 이루어지지 않는다"는 것이었다. 이성적으로 따져보고 '맞는 말이지만 현실적으로는 힘들다'는 둥의 판단이 마음속에 자리 잡고 있다면 목표를 성취하는 데 방해가 된다는 이야기였다.

스스로 믿지 않는 일에 최선을 다해 노력할 사람은 없다. 먼저 자기 자신부터 진정으로 바라고 원해야 한다. 이룰 수 있다는 굳은 믿음을 마음속 깊이 가져야 한다. 간절한 마음이 어려운 상황을 이겨내고 원하는 바를 성취시켜줄 것이다.

상황회피형 인간이 되어서는 안 된다. 상황회피형 인간이란 '무엇인가 하고 싶지만 사회 정세 등에 비추어 현실적으로 곤란하기 때문에 이내 포기하는 사람'을 말한다. 어떤 일이건 현실 상황을 더 깊이 이해할수록 불가능하다는 결론으로 자신을 이끌어가는 사람이다.

마음속 깊은 곳에서 강한 열망을 가진 사람은 사회 정세가 어떻건 주위 환경이 어떻건 아랑곳하지 않는다. 아무리 큰 어려움을 만난다 해도 포기하지 않는다. 대신에 난관을 타개하고 원하는 것을 실현하기 위한 방법을 궁리하고 찾아내어 열심히 실천한다. 바로 그 과정에서 노력과 창의의 힘이 발휘된다.

어려운 환경에 처해 있다는 점은 누구에게나 똑같다. 그런데 상황회피형 인간은 상황이 나쁘다는 것을 빠르게 이해하고 그 점에 지나치게 집착한다. 그 결과 자신이 바라는 목표가 무모하다는 판단을 내리면서 쉽게 포기한다. 하지만 마음속 깊이 간절한 신념을 가진 사람은 다르게 반응한다. 어려움 앞에서 이 문제를 해결할 수 있도록 진지하게 공부하고 어떻게든 방법을 찾는다.

어떤 상황이건 나와 우리에게 도움이 된다고 믿자. 그편이 좋다. 바라는 바가 있어도 쉽게 포기하는 사람과 다시금 용기를 내어 시작하는 사람과의 차이가 바로 이런 믿음에서 시작된다. 큰 성과를 이루며 살아가는 사람과 좌절을 거듭하는 사람, 평범한 사람 간의 차이가 바로 그러하다.

말처럼 쉬운 일은 아니다. 특히 사회인으로서 막 첫발을 내디뎠을 때, 하는 일마다 서툴고 잘 풀리지 않는다면 "이 상황이 내가 성장하는 데 도움이 된다"고 속 편히 생각할 수는 없을 것이다.

그러나 아무리 괴롭고 힘들더라도 긍정적인 마음가짐과 희망만은 잃어버리지 말자. 긍정적인 마음가짐과 희망, 이것이 오늘의 나를 만든 힘이었다.

나에게도 눈물 나게 힘겨운 시절이 있었다. 입사 초기, 나는 마루에 구멍이 숭숭 뚫린 낡은 기숙사에서 살았다. 볏짚이 헝클어진, 허름한 다다미 6칸짜리 방이었다. 거기에 풍로와 냄비를 놓고 매일 혼자서 밥을 지어 먹었다.

회사에서의 연구 활동과 인간관계도 뜻대로 되지 않았다. 하루가 저물면 기숙사 뒤편, 벚꽃나무가 이어진 작은 하천을 거닐며 울적한 마음을 달랬다. 그러다 물가에 걸터앉아 고향 노래를 부르곤 했다.

그렇게 나 자신에게 용기를 불어넣었고, 다음 날이면 새로운 기분으로 회사에 출근해 누구보다도 열심히 일했다.

고민과 어려움은 언제라도, 누구에게도, 어디에도 있다. 그것은 원치 않는다고 해서 내게 일어나지 않는 것이 아니며, 피하고 싶다고 해서 없어지는 것도 아니다. 그러니 방법은 하나뿐이다. 간절한 희망과 긍정의 마음가짐으로 정면돌파하는 것, 그것이 유일한 해법이다.

피하지 말고 부딪쳐라

어떻게 해도 해결되지 않는 곤란한 상황에 맞닥뜨리는 경우가 있다. 이때 절대로 도망쳐서는 안 된다. 정직하게 어려움과 마주해야 한다. "어떻게 해서든 이루어내고 말겠다"는 절박함이 필요하다.

사물에 얽매여서는 안 된다. 솔직한 눈으로 현상을 바라봐야 한다. 만약 선입관을 가지고 있으면 사물은 그 자신을 있는 그대로 이야기해주지 않는다. 어려운 이야기지만, 괴로우면 괴로울수록 현상을 자세히 직시하려는 자세가 필요하다.

그러다 보면 어느 순간, 지금까지 간과해온 것이 "아!" 하고 눈에 들어올 것이다. 이를 두고 나는 "속삭이는 신의 계시"라고 부른다. 계시를 받아야 할 정도로 궁지에 몰린 상황이므로 진지한 태도가 아니면 창조적인 영감은 태어날 수 없다. 훌륭한 아이디어를 얻으려면 '어려움에 정면으로 맞서는 자세'가 필요하다.

취업 직후 일개 말단 사원이던 나는 어떤 일 때문에 회사와도 충돌하고 노조로부터도 공격을 받아야 했다. 한마디로 고립무원의 상태였다. 그때 나는 험난한 산을 홀로 등반하는 산악인의 자세로 나섰다. 경험도 기술도 없었지만, 그럼에도 나는 수직으로 우뚝 솟은 바위산을 위태위태하게 오르고 있었다. 이른바 수직등반을 하고 있었던 것이다. 예리한 암벽에 기가 죽은 사람도 있고 겁을 집어먹고 일찌감치 낙오한 이들도 있었다. 그래서인지 주위에서 나를 향한 비난이 대단했다.

그즈음 한 선배에게 '타협'을 제안받았다. 산의 완

만한 경사를 따라 집단과 함께 정상에 오르는 방법을 권유받은 것이다. 하지만 나는 그 제안을 단호히 거부했다. 위험하기 그지없는 암벽 타기를 포기하지 않았다. 내가 남보다 특별히 강한 인간이라서는 아니었다. 나 역시 연약하기 그지없는 인간이다. 그러나 쉬운 길을 택하여 서서히 올라간다면, 정상을 향해 가는 도중에 등반을 포기할 수도 있을 것 같았다. 또한 안이한 삶의 태도로는 나를 믿고 따라오는 사람들에게 진정한 행복을 가져다 주지 못할 것이라고 생각했다.

나 스스로 옳다고 굳게 믿었기에 어떠한 비난이 쏟아지더라도, 아무리 험난한 길 위에 서 있더라도, 목표인 정상을 향해 똑바로 나아가고자 결심했다. 시련이 있으면 피하지 말고 정면으로 부딪치자고 마음먹었다. 이후도 나는 자신에게도 타인에게도 엄격한 자세를 흐트리지 않으면서 계속해서 격려하였다. 결과적으로 내 결심은 나를 성공의 길로 탄탄히 이끌어주었다.

젊은 시절부터 나는 "인간으로서 무엇이 옳은가"에

대해 늘 자문하고 답을 구해왔다. 세상의 추한 모습과 마주하면 "이건 옳지 못하다. 인간으로서 이렇게 하면 안 된다"는 자세를 항상 추구하려 노력했다.

'옳은 것을 추구하는 마음'이란 결국 '이상을 추구하는 마음'이기도 하다.

대입이나 취직 시험에 떨어졌을 때, 나는 실망하고 좌절하는 대신 더 훌륭한 학교나 회사에 들어갈 수 있도록 노력하리라 다짐했다. 세라믹 연구개발을 처음 시작하던 즈음에도 그런 자세로 임했다. 당시에는 사람들이 쳐다보지 않던 세라믹이었다. 이것을 훌륭한 소재로 개발하기 위해서 제일 먼저 한 일은 무관심에 맞서 정면으로 싸운 것이다.

인생은 길다. 그 긴 여정에는 여러분 중 누구도 바라지 않는 역경의 시기가, 힘들고 괴로운 때가 반드시 있다. 하지만 시련에 져서는 안 된다. 그럴 때야말로 이를 악물고 이상을 향해 더욱 힘차게 나아가야 한다. 시련을 피하지 말라. 하늘은 당신의 노력과 성실 앞에 반드시 머리를 숙일 것이다.

집중력을 키워 올바른 판단을 하라

    상황에 맞는 판단을 신속하고 올바르게 내리기 위해 우리는 우리의 '잠재의식'을 활용할 수 있다.

    예를 들어 굴곡이 심한 길에서 차를 운전할 때는 길이 구부러진 정도나 차의 속도 등에 따라 핸들을 다루는 움직임이 달라지기 마련이다. 그때마다 각도와 속도, 거리를 계산해 핸들을 꺾는 운전자는 세상에 없다. 반복되는 경험과 감각을 통해 잠재의식 속에 일정한 패턴이 학습되고, 운전자는 매 순간 그에 따라 반응하는 것이다.

"대국의 고비마다 다음 수가 번뜩 떠올랐지만 신중하게 장고하여 몇십 수를 더 읽었다. 그러나 결국에 보니 최초에 순간적으로 떠오른 것이 가장 좋은 수였다."

장기의 명인 마스다 선생의 경험담이다. 이 역시 잠재의식 속에 학습된 패턴을 활용한 일례라고 할 수 있다.

일상에서 우리가 경험한 모든 것은 다 잠재의식에 들어 있다. 그중에서도 매일 주의를 기울이며 반복적으로 수행한 경험, 또 강렬한 경험은 실제 상황에서 의식적으로 꺼내어 활용할 수 있다.

그런데 강렬한 경험은 스스로가 얻고자 한다고 해서 얻을 수 있는 종류의 것이 아니다. 모든 일에 진지하게 주의를 기울여서, 잡다한 생각을 제외하는 것이 잠재의식을 활용하는 유일한 방법이다. 매일 매 순간 견실한 자세를 가지고 집중해야 한다. 그래야 필요한 순간에 올바르고 신속한 판단을 내릴 수 있다.

인간에게는 '본능'과 '이해심'이라는, 다소 상반된 마음이 함께 존재한다.

본능이란 투쟁심, 식욕, 성욕, 습관 등 자신의 육체와 생명을 지키기 위한 마음을 의미한다. 우리는 은연중에 이 같은 본능을 판단의 기준으로 삼아 사물을 결정하고자 시도한다. 그러나 이 정도 수준은 동물과 다르지 않은, 말 그대로 본능적인 행동일 뿐이다. 우리는 본능을 억제할 필요가 있다.

본능을 억제하면 마음속에 그만한 공간이 생긴다. 다시 말해 사물을 논리적으로 바라보는 시각이 생겨난다. 이것이 이해심이다. 중요한 점은 이해심이 한 사람의 마음속에서 어느 정도의 비율을 차지하는가이다.

본능을 억제하는 것은 무척 어려운 일이다. 인간은 본능 없이는 살아갈 수 없기 때문이다. 본능을 아예 없애자는 게 아니다. 그럴 수도 없다. 다만 본능이 지나치게 많은 자리를 차지하고 있지는 않은지 늘 주의를 기울이고, 이를 최소한으로 억제하고자 하는 노력이 필요하다는 얘기다.

본능을 억제하는 가장 좋은 방법은 어떤 욕망이 생길 때 '내가 지금 제멋대로 생각하는 건 아닌지'를 스스로에게 묻는 것이다.

본능을 억제하고 다스리는 습관이 내 안의 이해심을 키워준다. 그리고 이해심은 사물을 논리적으로 바라보고 올바로 판단하도록 도와준다.

이해심이란 사물을 추리하여 판단하는 마음이다. 이해심을 사용하기 위해서는 돋보기로 햇빛을 모으듯 초점을 집중시켜야 한다. 어떤 일이건 어떤 상황이건 항상 진지하게 생각하는 것, 그것을 '유의주의(有意注意)'라고 한다.

인간에게는 뛰어난 학습능력이 있다. 초점을 집중시키는 유의주의를 몸에 익도록 꾸준히 학습하고 연마한다면, 사물이나 상황을 접하는 순간 날카로운 이해심을 발휘하여 문제의 핵심에 쉽게 다가갈 수 있다.

그런데 이런 이해심보다 훨씬 더 정확한 것이 있다. 바로 영성심이다. 집중해서 추리 추론을 할 필요도 없이, 신속하고 정확한 판단을 순식간에 가능케 하는 능력이다. 세상의 위대한 인물들이 나름의 성과를 거둔 이면에는 영성심이 있었다. 영성심이라는 선천적인 재능이 획기적인 신기술을 현실화해왔다.

평범한 우리도 모진 역경 속에서 헤매다가 '하늘의 계시'라고 생각되는 찰나의 번쩍임을 느끼는 경우가 있다. 이것을 영성심이라고 할 수 있을 것이다. 이 같은 영성심은 맡은 바 일에 최선을 다하고, 역경에 정면으로 맞서며, "인간으로서 어떤 길이 옳은가"를 항상 자신에게 묻는 과정에서 얻을 수 있다.

올바른 판단은 일의 성패를 좌우하는 가장 중요한 요소 가운데 하나다. 올바른 판단을 할 수 있는 사람이야말로 일을 잘하는 사람이다.

올바른 판단을 하려면, 지금 처한 상황이 어떠한지 예리하게 파악하고 사물의 핵심에 다가가는 날카로운 관찰력이 필요하다. 예리한 관찰력을 키우기 위해 필요한 것은 정신 집중이다.

그러나 정신 집중이란 갑자기 노력한다고 되는 게 아니다. 습관이 필요하다. 세세한 일에도 늘 주의를 기울이는 습관을 가진 사람은 어떤 상황이 닥쳤을 때 완벽하게 정신을 집중할 수 있다. 그런 습관이 없는 사람은 유사시에도 좀처럼 정신을 집중하지 못해 애를 먹게 된다.

바쁠 때건 평상시건, 큰일이건 작은 일이건, 늘 주의를 기울이는 습관을 가져야 한다. 흥미가 없는 일에도 관심을 기울일 수 있도록 노력해야 한다. 이것이 유의주의다.

일상의 유의주의는 일을 시작할 때의 판단력을 좌우한다. 매일의 트레이닝을 통해 주의력과 통찰력을 몸에 익힌 사람만이 예민하고 예리한 신경을 활용하여 올바른 판단을 내릴 수 있다. 이런 사람을 바로 '능력 있는 사람'이라 할 것이다.

언제든지
원점으로
돌아가라

 뭔가를 판단하고 행동할 때, 늘 원리원칙을 기준으로 삼아야 한다.

 잘못된 상식이나 관습 등을 기준으로 판단하거나 행동해서는 안 된다. 새로운 문제에 부닥쳤을 때 상식이나 경험을 기준으로 삼아서는 어떠한 방법을 써도 문제를 해결할 수 없다. 오히려 좋지 않은 사고를 불러일으킬 수 있다. 원리원칙에 기초하여 판단하고 행동한다면, 어떤 국면에서건 길을 잃는 일은 없을 것이다.

원리원칙에 기초한다는 것은 어떤 의미인가. 인간 사회의 도덕, 윤리 등을 기준 삼아 '사람으로서 올바른 것을 올바르게 관철해나가는 일'이다. 인간의 도덕과 윤리에 기초한 판단이라면 시간과 공간을 통틀어 어떤 환경에서도 통하기 마련이다.

따라서 원리원칙이라는 확실한 판단기준을 가지고 있는 사람은 두려울 것이 없다. 낯선 미지의 세계로 뛰어들어도 결코 당황하거나 헤매는 일 없이 올바른 판단하에 원하는 일을 해나갈 수 있기 때문이다.

새로운 분야를 개척하고 발전시켜나가는 힘은 대체로 그 분야에 대한 풍부한 경험에서 나오는 게 아니다. 다방면의 상식에서 나오는 것도 아니다. 그 힘은 판단력에서 나온다. 인간 사회의 도덕과 윤리 등 원리원칙에 기초한 판단력 말이다.

등산을 하는데 짙은 안개로 한 치 앞을 분간하기 힘든 상황에서 갈림길에 다다랐다. 어떻게 해야 할까? 직감에 따라 또는 운에 맡기고 하나의 길을 택한다면, 결국 조난을 당할 확률이 높아질 것이다. 이럴 때에는 발길을 돌려 베이스캠프로 돌아가는 게 가장 현명한 처사다. 그곳에서 재정비를 한 후 안개가 걷히거든 다시 출발하는 것이다.

베이스캠프는 다시 말해 원점으로 돌아가는 지혜다. 이를 신규 사업에 진출하거나 미지의 연구 분야에 도전할 때에도 똑같이 적용할 수 있다.

짙은 안개가 낀 산길처럼 새로운 영역을 개척하다 보면 벽에 부딪히거나 장애물에 막히는 등의 어려움을 숱하게 경험할 수밖에 없다. 이때마다 임기응변으로 힘겹게 문제를 극복해 나아간다 해도, 결국 목표점에 다다라서는 원래 의도했던 결과에서 벗어나 있을 것이다. 당면한 문제를 해결하느라 매달리는 사이에 어느샌가 결승점으로 가는 방향을 잃게 된 것이다.

오차의 이유는 한 가지, 당면한 상황만을 놓고 판단했기 때문이다. 원점으로 되돌아가 생각하는 지혜를 발휘하지 못했기 때문이다.

언제든지 원점으로 돌아가서 사물의 본질을 꿰뚫으며 판단하는 것이야말로 미지의 영역에서 성공을 가져오는 유일한 방법이다.

흔히 "이치가 통한다" 또는 "이치가 통하지 않는다"는 말을 한다. 여기서 '이치'란 인간이 가진 정신의 지표를 의미한다. 사람이 갖고 있는 판단기준이자 철학이라고도 할 수 있다.

살아가는 일은 끊임없는 판단의 연속이라고 할 수 있다. 그리고 우리는 자신의 판단기준에 따라 옳고 그름을 판단한다. 그 판단기준은 '도리와 윤리, 인간으로서 올바른 것은 무엇인가 하는 원리원칙'이 되어야 한다.

이치가 통한다는 것은 '윤리적으로 모순이 없다'는 단순한 뜻이 아니다. '사람으로서 취해야 할 도리에 비추어 불편함이 없다'는 의미다. 머리만으로 판단하지 말고 인간 정신의 가장 기초적인 부분, 즉 원점으로 돌아가 생각해보자. 이치가 통한다는 것은 바로 이치에 들어맞는다는 것이다.

그러므로 이치를 가지고 있지 않은 사람은 아무것도 할 수 없다. 자신의 기준을 어디에 두어야 할지 모르기 때문이다.

반대로 이치를 가진 사람은 모든 일에 통할 수 있다. 이치란 것은 만인이 납득할 수 있는 원점에서 시작하는 것이기 때문이다.

올바른 판단을 하기 위해 언제라도 원리로 되돌아가야 한다. 그리고 그 원리를 자기 안의 지표로 확립해야 한다.

마음의 차원을
한 단계 높여라

히로나카 헤이스케는 지극히 어려운 수학문제를 풀어 '수학의 노벨상'이라는 필즈상을 받은 수학자다. 그는 어려운 문제를 만나면 오히려 차원을 한 단계 높여 간단하게 풀어가는 탁월한 능력을 발휘했다. 그런 그가 이런 말을 남겼다.

"복잡한 현상이란 단순한 사실의 투영에 지나지 않는다."

이 말은 인간 사회에도 그대로 적용된다. 인간 사

회란 언뜻 직장의 인간관계, 모임 내 지인들과의 관계, 가족과 친척관계 등이 얽히고설켜 무척 번거롭고 복잡해 보인다. 그러나 히로나카의 주장에 따르면, 이처럼 복잡한 인간 사회 역시 단순한 사실의 투영에 지나지 않는다.

예를 들어 평면으로 엇갈리는 교차로의 사방에서 차가 밀려 들어오면 결국 정체가 시작될 것이다. 그런데 여기에 한 단계 차원을 더해 입체 교차로를 생각한다면, 아무리 교통량이 많아도 차가 정체 없이 통행할 수 있다. 3차원의 그림자인 2차원만을 보고 있으면, 차량들이 무수히 부딪히고 있는 것 같은 착각이 든다. 입체를 평면에 비추어 보니 복잡하고 기괴한 느낌을 받을 수밖에 없는 것이다.

인생도, 인간관계도 마찬가지다. 그것은 '단순한 사실'의 투영에 지나지 않다. 단순한 사실이란 결국 '자신의 마음'이다. 자신의 마음이 투영되어 복잡하고 곤란한 현상을 만들어내고 있는 것이다.

복잡한 현상 속에서 진실을 찾아내기 위해서는 자

기 마음으로 돌아가야 한다. 더불어 자기 마음의 차원을 한 단계 높여야 한다. 또한 먼저 현상을 올바르게 인식해야 한다.

이것은 무척 어려운 일이다. 현상이라는 것은 관찰자의 시점에 크게 좌우되기 때문이다. 절대적인 사실만 존재하는 것이 아니기 때문이다.

어떤 현상이 현상을 관찰하는 사람의 마음속 필터를 통과하는 순간, 여기에는 그 사람의 주관이 개입한다. 그리고 이로 인해 하나의 분명한 사실이 선으로도 악으로도 보일 수 있다. 이를 우리는 일상에서 충분히 경험하고 있다.

직장에서 정말 열심히 일하는 사람들이 있다. 이 사람의 일상을 단지 '한 번뿐인 인생을 남들보다 더 성실하게 일하고, 최선을 다해 살아가기 위해 노력한다'고 보면, 이는 선일 수 있다. 그러나 '가족과의 시간에는 소홀하고, 자신의 건강마저 해쳐가며 오로지 승진을 위해 죽을 둥 살 둥 일하는 것뿐'이라고 생각한다면, 이는 악에 가까울 것이다.

어느 한쪽이 옳고 다른 쪽이 그른 것은 아니다. 어쩌면 양쪽 모두 잘못된 판단일 수도 있고, 둘 다 옳을 수도 있다. 다만 어차피 내 주관으로 좌우되는 것이라면, 되도록 현상을 선하게 보려는 습관을 길러야 한다는 것이다.

부정적인 사고방식은 자기 자신을 성장시킬 수도 없고 문제를 해결할 수도 없다. 그러나 높은 차원의 마음에 기준을 둔 긍정적인 사고방식은 반드시 좋은 결과를 가져오기 마련이다.

아름답고 맑은 마음에는 진실이 보인다. 그러나 자아(ego, 에고)로 가득 찬 마음에는 복잡한 관계의 거미줄밖에 보이지 않다.

예를 들어 "이익을 얻고 싶다"는 욕심에 사로잡혀 일을 처리하다 보면 간단한 문제를 복잡하게 만들어 버릴 수 있다. 또 어떤 문제가 발생했을 때 "잘 보이고 싶어서 그랬다"는 변명은 문제의 초점을 흐리고 해결을 어렵게 만든다.

'있는 그대로'의 마음이 중요하다. 마음이 자연스

럽고 평안해야 한다. 내 마음이 어지럽기에 단순한 문제가 복잡해 보인다.

설령 손해를 보더라도 '있는 그대로' 사물을 보아야 한다. 그리고 자신에게 실수가 있다면 "잘못했다"고 사과할 줄 알아야 한다.

마음의 차원을 한 단계 높이자. 그러면 복잡한 문제를 단순하게 볼 수 있으니 고민할 필요가 없어진다. 마음의 차원을 한 단계 높이면 이기적인 자아로부터 멀어질 수 있다. 그리하여 사물의 진실된 모습을 발견할 수 있다.

불가능한 것을 가능한 척하는 게 아니라, '할 수 없는 것을 할 수 없다고 솔직하게 인정'하고 거기서부터 새롭게 시작하는 마음가짐이 필요하다. 이것이 때로는 한 사람을 몇 단계 이상 발전시키는 힘이 된다.

| 4장 |

나를
단련한다는 것

불가능에 도전하는 강렬한 열정을 준비하라

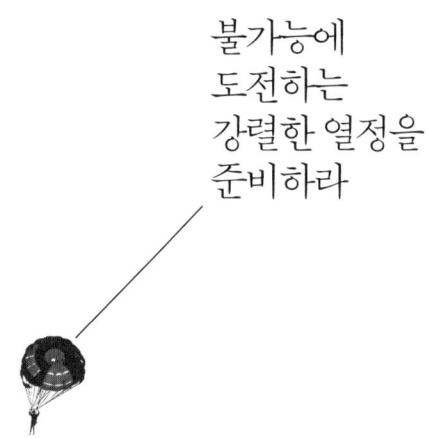

　메이지유신 당시 같은 격변의 시대에는 젊은 피들이 그에 어울리는 용기와 자신감을 가지고 나타나야 한다. 그렇지 않다면 미래는 없다. 하지만 단지 젊다고 해서 그러한 특권이 주어지는 것은 아니다. 미래를 여는 것은 어떤 유형의 젊은이들일까?

　지식을 가지고 적극적으로 의견을 이야기하는 사람, 상사에게 적극적으로 제안할 줄 아는 사람, 자신이 이 회사를 개선해나간다는 의기에 불타는 사람,

늘 공부하며 투명하도록 솔직한 마음을 가진 사람들이다.

바로 이런 이들이 급변하는 직장 세계에서 꼭 필요한 젊은이들이다. 이에 더해, 젊은 인재들은 '자기희생의 정신'을 가지고 있어야 한다. 예를 들어 개인적인 의견을 내놓는 경우에도 '자기만 즐겁고 자기 이익만을 위하는 제안'뿐이라면 이는 조직에 아무런 도움이 되지 않을 것이다.

마지막으로 하나 더, 무엇보다도 중요한 것은 본인의 '강렬한 의지'다. 몸을 내던질, 목숨을 바칠 마음가짐이 있어야 한다. 그렇지 않으면 결코 사람을 움직이게 할 수 없다. 또 혁신의 시대에 변화다운 변화를 이끌어낼 수도 없다.

"이게 없고 저게 부족해서 불가능하다"는 등 변명만을 잔뜩 늘어놓는 사람이 있다. '무엇이 없기에 불가능하다'는 것은 한심한 사고방식이다. 그래서야 언제고 새로운 것이 가능할 리 없다.

'출발선에는 원래 아무것도 없다'는 것을 전제로

삼아야 한다. 그 전제를 늘 당연한 것으로 여겨야 한다. 없다고 투덜댈 필요가 없다. 아무것도 없지만 끝까지 완수하겠다는 강렬한 의지를 가져야 한다. 그리하여 이를 달성하기 위해 뭘 어떻게 하는 것이 좋을지, 필요한 인재와 기술과 자금, 설비를 어떻게 조달할 것인지의 문제에 전념해야 한다.

꿈은 반드시 이루어진다. 간절하다면, 반드시 이루어지기 마련이다.

새로운 것을 성취해가는 과정에는 물론 엄청난 괴로움과 고난이 기다리고 있을 것이다. 이 점을 충분히 이해하고, 또 각오를 다져야 한다. "어떻게 해서든지 이루어내고 싶다"고 간절히 바라야 한다.

누군가로부터 "그런데 가능성은 얼마나 될까?"라는 질문을 받는다면 말문이 막힐지도 모르겠다. 그러나 기 죽을 필요 없다. 스스로 새로운 것을 만들어가는 세계란 원래 그러한 것이다.

나는 사람을 판단할 때 재능과 능력만큼이나 열정을 중요하게 생각한다. 열정, 간절한 바람, 강렬한 의지만 있다면 세상에 못 해낼 변화가 없다고 나는 늘 믿어왔다.

열정이란 잠을 자거나 밤을 새거나 24시간 내내 그 한 가지 일을 생각하고 있는 마음 상태다. 실제로 24시간 내내 그 생각만 하는 것은 불가능할지 모른다. 그러나 '항상 마음을 쓰고자 하는 태도'가 중요하다. 그렇게 함으로써 열정은 내 잠재의식에까지 닿아 막대한 영향을 미친다. 그리하여 자신이 미처 깨닫지 못하는 와중에도 목표를 실현할 수 있는 '적절한 행동'을 취하게 된다. 그리하여 지금보다 훨씬 큰일이 가능해지는 것이다.

열정만 있다면, 설령 자신에게 능력이 부족하더라도 능력 있는 사람을 자신의 주위에 두면 될 일이다. 열정만 있다면, 설령 자금이나 설비가 부족하더라도 그 열정과 의지를 믿고 도움을 줄 사람이 얼마든지 나타날 것이다.

사람이 가진 열정은 모든 일을 성취할 수 있는 최고의 원천이다. 성공에의 열정, 바람, 의지가 강하면

강할수록 성공할 확률은 자연 높아지기 마련이다.

열정, 간절한 바람, 강렬한 의지야말로 아무것도 없는 상태에서 새로운 시대를 열어가는 최고의 원동력이다.

자신과의 싸움에서 승리하라

　가고시마에서 교토로 나와 직장생활을 시작하던 무렵, 나는 가고시마 사투리가 심했다. 그래서 촌놈이라는 열등감에 시달렸다. 이런 열등감 때문에 좌절하는 사람이 많다. 하지만 나는 열등감을 솔직하게 받아들였고, 결코 좌절하지 않았다.

　"나는 촌놈이다. 사회생활도 서툴고 세상에 대한 상식도 없다. 대학도 지방대학을 졸업했으니 도시의 일류대학을 나온 사람과는 실력 차가 분명히 난다.

기본적인 것부터 공부하자."

열등감과 대립하는 대신, 열등감을 솔직하게 인정하고 받아들인 것이다. 이것은 열등감으로부터 내 마음을 가볍게 하고, 긍정적으로 즐겁게 노력하는 단계에 이르도록 나를 이끌었다.

여기서 내가 강조하고 싶은 말은 불가능한 것을 가능한 척하는 게 아니라, '할 수 없는 것을 할 수 없다고 솔직하게 인정'하고 거기서부터 새롭게 시작하는 마음가짐이다. 때로는 이것이 한 사람을 몇 단계 이상 발전시키는 힘이 된다.

요즘의 학교 제도를 보면, 딱 낙제를 면할 만큼만 요령 있게 공부하여 60점을 받은 사람과 늘 꾸준히 공부해서 80점을 받은 사람이 함께 졸업하게 되어 있다. 양자 사이에는 점수로 따졌을 때 20점의 차이가 날 뿐이지만, 실제로는 엄청나게 큰 차이가 있다. 꾸준히 80점을 받기까지, 그 학생은 두껍고 높은 장벽을 여러 차례 만나왔을 것이다. 그때마다 피를 토할 정도의 노력을 거듭하여 하나하나 돌파해왔을 것이다.

"60점이면 충분해"에서 "그 정도로는 안 돼"로의 변화, 장벽을 두려워하지 않고 과감하게 맞서는 의지는 자신과의 싸움에서 승리하기 위한 전제 조건이자 힘이다.

보다 높은 곳으로 자신을 이끌어가는 과정에서는 거듭해서 자신을 가로막는 장벽들과 만나게 된다. 여기서 장벽이란 적당히 타협하려는 나태한 마음, 게으름에 몸을 맡기는 안일한 마음이다. 나 자신을 '보통 이상으로' 만들려면 바로 이 두 가지, 안일함과 나태함을 이겨내야 한다.

좋은 머리로 요령껏 공부해 겨우 60점을 받은 사람은 성실하게 공부하여 80점을 받은 사람을 향해 이렇게 말할지 모른다.

"샌님 같은 녀석. 저 녀석 공부벌레잖아. 그러니 성적을 잘 받는 게 당연하지. 안 해서 그렇지 내가 맘먹고 조금만 더 공부하면 저 녀석보다 높은 점수를 얻을 수 있어."

사회에 진출해 남보다 앞서 나가는 80점을 보고,

60점은 또 이렇게 스스로를 위로할 것이다.

"저 녀석 내가 좀 알지. 학창 시절에는 별거 없었어. 내 쪽이 훨씬 더 잘나갔다고."

이처럼 극기심이 없는 사람은, 극기심을 통해 자신을 단련하고 더 높이 오른 사람을 이해하지 못한다. 때로는 무시하기까지 한다. 하지만 두 사람 가운데 누가 성공적인 인생을 살고 있는지, 우리는 잘 알고 있다.

자꾸만 나태해지는 자신에게 스스로 채찍질을 하는 일은 웬만한 노력으로는 감당하기 힘든 고통이다. 자신과의 싸움에 늘 패배하고, 안일함만을 탐하며, 노력에 인색한 사람은 극기의 고통을 이해할 수 없다. 또한 극기 끝에 성과를 이루어내었을 때의 기쁨 또한 상상할 수 없다.

자신과의 싸움에서 승리하는 힘, 극기심. 극기심은 사람의 능력을 평가하고 헤아리는 데 꼭 포함되어야 할 척도 가운데 하나라고 나는 생각한다. 인생이라는 길고 커다란 무대에서 성과를 올리기 위해, 명석한 두뇌나 학벌보다 더 중요한 것이 바로 극기심이다.

순수한 열정을 키워라

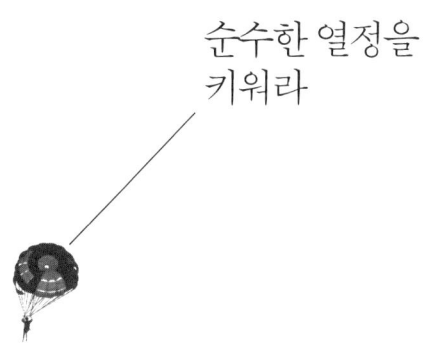

강력한 열정은 필연적으로 성공을 가져온다. 그러나 그것이 단순히 개인적인 욕심을 채우기 위한 것이라면, 그 성공은 오래가지 못할 것이다.

그 어느 때라도 가장 중요한 것은 마음이다. 하늘에 닿는 것은 순수한 마음이기 때문이다. 개인적인 욕심에 치우치게 되면, 그 순간부터 문제가 생긴다. 세상의 도리에 무감각해지고, 자신의 강렬한 열정에 휘둘려 마구잡이로 일을 시작하게 된다.

성공을 위해서는 간절한 바람과 열정이 있어야 한다. 그 성공을 지속하기 위해서도 간절한 바람과 열정이 있어야 하고, 그것은 깨끗하고 정결한 것이어야 한다.

결국 잠재의식에 내재한 바람과 열정의 질적인 문제가 중요하다. 일체의 본능에서 벗어나 '사람과 사회를 위해 봉사하겠다'는, 사심 없이 순수한 열정과 바람이 필요하다. 마음속의 바람과 열정이 깨끗한 기도일수록, 하늘은 그 기도에 귀를 기울여줄 것이다.

물론 개인적인 욕심을 완전히 없애기란 쉬운 일이 아니다. 하지만, 적어도 자신만을 위한 욕심이 아니라 집단을 위한 욕심으로 목적을 바꿔야 한다. 그렇다면 자신이 가진 열정과 바람이 조금 더 순수해질 것이다.

순수한 바람과 열정을 가지고 괴로움을 버린 채 고민을 거듭하고 있을 때, 어느 순간 길이 환히 열리는 경험을 한 적이 있을 것이다. "어떻게 해서라도 이루고 말리라"는 간절함이 하늘에 닿아 잠재적인 힘까지 끌어내어 결국 성공으로 이끌어준 것이리라.

욕심을 버리고 순수한 열정을 키우기 위해 책 읽는 습관을 들일 것을 강력히 권한다. 꾸준히 좋은 책을 읽는 것은 살아가는 내내 큰 도움이 되어줄 습관이다.

일이 늦게 끝난 날에도, 술을 마시고 귀가한 밤에도 나는 반드시 책을 읽는다. 책상 앞에 앉아 읽는 것만이 독서가 아니다. 침대 머리맡에도 나는 늘 철학책이나 중국의 고전을 놓아두고 읽는다. 화장실이나 욕조에도 책을 가지고 들어간다. 일요일이나 공휴일이면 종일 책을 읽으며 휴식을 취하곤 한다.

하루하루 버티기도 바쁜데 책 읽을 시간이 어디 있느냐고 생각할 사람도 있을 것이다. 그러나 5분, 10분이라도 시간을 쪼개가며 책을 읽는 습관이 중요하다. 그렇게 책을 가까이하다 보면 마음속 바람과 열정이 순수해지는 것을 느낄 수 있을 것이다.

독서를 통한 간접 체험보다 실전에서 갈고닦아 쟁취하는 배움이 더 실질적이고 중요하기는 하다. 하지만 독서는 자신이 경험하지 않은 것들까지 흡수하여 실전 경험으로 정리해주는 효과가 있다. 이처럼 독서는 정신의 튼튼한 골격을 만들어준다.

말투에서 어딘지 모르게 장난기가 느껴지는 사람이 있다. 그러한 사람은 대체로 이야기가 교묘하며 말솜씨도 유창한 편이다. 그런데 이들이 하는 이야기는 생각 없이 흘려듣는 재미는 있지만, 자세히 따져보면 진지한 내용이 전혀 없는 경우가 많다.

이것은 달변이 아니다. 그렇게 착각하는 사람이 있을지 모르겠지만, 나는 이 같은 언변에는 조금의 매력도 느끼지 못한다. 반대로 경박한 느낌이 들어 진지하게 이야기하고 싶은 기분마저 사라지고, 그 사람의 인간성도 매우 천박하게 느껴진다.

젊은 사람들은 겉치레뿐인 말솜씨를 흉내 내지 않았으면 하는 바람이다. 어눌한 말투라도 좋으니 진심을 담은 말로 대화해주길 바란다.

'어떻게든 상대가 알아주었으면' 하는 생각이 담긴, 마음속 깊은 곳에서 우러나온 진심의 말은 단순한 말을 위한 말보다 호소력이 강하다. 듣는 이에게 감동을 불러일으키는 것은 모두 이런 말이다.

상대방을 감동시키는 말은 진심이 담긴 말이다. 진심이 담긴 말은 사심 없이 간절한 바람과 열정에서 나온다.

의지하거나
타협하지
않는다

  신념이 있다면 그것을 끝까지 추구할 기백이 있어야 한다. 뭔가 새로운 기획을 진행하려고 하는가. 그렇다면 중도에 어떠한 고난을 만나더라도 포기하거나 타협하지 말라. 자신이 옳다고 생각하는 길을 향해 힘차게 나아가는 것이 중요하다. 이런 경우의 '무모함'은 시도해볼 만한 것이다.

  그리고 진정한 무모함이란 의지하지 않는 것이다. "세상은 원래 이런 것"이라고 말하며 물러서지 않는 것이다. 눈치 빠르게 대세와 타협하지 않는 것이다.

의지하지 않는다는 것은 곧 자유를 의미한다. 타인에게 의지하는 대신 자기 자신에게 의지하는 것이다. 모든 것은 나로부터 시작한다. 스스로에게 기댈 곳을 마련하는 노력 속에서 진정한 창조가 가능해진다. 그렇게 모든 구속에서 멀어져야 스스로의 신념을 끝까지 추구할 수 있게 된다.

비즈니스나 과학, 예술계 모두 마찬가지다. 신념을 끝까지 추구하는 기백, 나 자신을 믿고 따라가는 신념이 있어야 성공할 수 있다.

창조적인 영역은 텅 빈, 무에서 시작한다. 기준으로 삼을 만한 것이 없다. 새까만 암흑 속, 폭풍우 휘몰아치는 바다 위를 나침반도 없이 항해하는 것과 같다.

외롭고 두려운 항해를 계속하며 한때 나는 등대의 빛을 갈구하곤 했다. 그러나 미지의 대양에 등대란 없었다. 있는 것이라고는 내 마음속의 등대뿐이었다.

결국 나는 스스로 등대의 빛을 밝혀야 했다. 그 불빛을 강하게 비추어 주위를 밝히고 내가 가고자 하는 목적지를 비춰야만 했다.

달리 기준 삼을 것이 없는 미지의 영역에서 유일한 항해법은 자기 자신이 마음으로 그리는 이상에 다가가는 것뿐이다. 이것은 '완벽주의'의 자세와도 상통한다.

'Better'는 다른 것과 비교하여 상대적으로 더 좋은 것이라는 의미고, 'Best'는 모든 것 중에서 가장 좋은 것이라는 의미이며, 'Perfect'는 자기 내면의 이상에 대한 끝없는 탐구심을 의미한다.

모든 것은 나로부터 시작한다.

기준으로 삼을 것이 아무것도 없는 창조적인 영역에서는 자기 자신을 나침반으로 우뚝 세워야만 방향을 결정할 수 있다.

'보일 때까지'
생각하라

창의적인 생각을 멈추지 말라.

"발명과 발견은 철학의 영역이지만 논리적으로 해명되는 순간 과학이 된다."

교토대학교 명예교수 다나카 미치타로의 말이다.

과학의 세계에서 일찍이 해명된 '상식'과 진정한 '창조' 사이에는 커다란 차이가 있다. 상식을 뛰어넘는 비약적인 발명과 발견은 정신적 활동 영역의 산물이다. 즉, 과학적 상식을 아무리 쌓아도 진정한 창조는 불가능하다. 미치타로 교수의 생각은 그러했다.

갈릴레오는 천동설이 상식이던 시대에 지동설을 주장하여 탄압을 받았다. 갈릴레오의 지동설은 그의 신념이자 철학이었다. 후일에 그것이 증명되어 과학이 된 것이다.

진정한 창조란 과학적 상식의 축적과 다르다. 진정한 창조는 비약적인 영감에서부터 시작된다. 영감이 철학을 형성하고, 이것이 증명을 통해 세상에 받아들여지면서 과학이 된다.

그런데 과학적 상식을 지나치게 강요하다 보면 창조성을 억압하는 결과를 가져오기도 한다. 때로는 오히려 비과학 속에서 진정한 창조의 단서를 발견할 수 있다. 그러니 '보일 때까지' 생각해야 한다.

기술개발 등 새로운 일을 진행하려고 할 때, 나는 종종 강조한다.

"보이기 시작해야 한다."

꿈이나 이상을 이야기할 때면 꿈과 현실의 경계가

없어지고 마는 것을 나는 종종 경험했다. 아직 아무 것도 하지 않았지만 벌써 "가능하다"는 말이 나온다. 그러한 심리상태를, 나는 "보인다"고 표현한다.

꿈 같은 것을 단지 막연하게만 생각해서는 안 된다. 아직 시작하지도 않은 것까지 "할 수 있다"고 자신 있게 말하는 순간, 그것은 처음으로 "보이는 것"이 된다. 이처럼 "보이는" 경지에까지 생각이 미치지 않으면 어떤 것도 절대 이룰 수 없다고 나는 생각한다.

이때 필요한 세 단계가 이것이다. 낙관적으로 구상하고, 비관적으로 계획하며, 창조적으로 실행하라.

신제품 개발, 신기술 개발 등 새로운 일을 진행하여 성공시키려면 일단 창의적이고 낙천적인 구상을 해야 한다. 어떻게 해서든지 이루어내고야 말겠다는 꿈과 희망을 가지고, 창의적이며 낙관적인 목표를 설정해야 한다. 새로운 일에 착수할 때 가장 중요한 요소다.

그다음 계획 단계에서는 비관적으로 자신의 구상

을 들여다볼 필요가 있다. 비관적이라고 해서 포기를 말하는 것은 아니다. 어느 정도 어려운가를 신중하고 세심하게 점검하는 작업을 의미한다. 그리고 이러한 비관적 요소에 대한 대책을 강구해야 한다.

그런 다음 행동에 들어가서는 창조적이고 낙관적으로 임하는 것이다.

남들이 시도해보지 않은 새로운 것을 시작하려는가? 그렇다면 항상 창의적인 생각을 멈추지 말라.

스스로 벽을 만들 필요가 없다. 나 자신의 꿈을 즐겨야 한다. 하늘은 우리에게 무한의 가능성을 주었다. "가능하다"고 되뇌며 자신에게 용기를 불어넣어야 한다.

가지고 있는 가능성에 도전하라

　새로운 주제를 선택할 때, 나는 일부러 내 능력을 훌쩍 넘어서는 것으로 정한다. 이를테면 지금은 아무리 발버둥쳐도 불가능할 것 같은 주제를 먼저 고른 후, 앞으로 단 '한 부분'만 추가하면 완성할 수 있는 일을 선택하는 것이다. 그리고 내가 가진 능력과 그룹의 힘을 기를 수 있는 방법을 구상한다. 목표가 되는 미래의 어느 '한 부분'을 목표로 정하고, 현재의 나와 그룹의 능력이 이에 대응할 수 있을 만큼 상승시킨다. 자신을 더욱 발전시키고자 하는 사람이라면 누구나 이런 방법을 쓰는 것이 좋다고 생각한다.

새로운 일을 시작할 때 현재의 능력을 가지고는 누구라도 가능한지 불가능한지 여부를 판단할 수 없다. 어쨌거나 새로운 일을 위해서는 지금 불가능한 것을 어떻게 해서라도 성취하려고 해야 한다. 그 방법밖에 없다. 이런 도전 없이는 획기적인 성과가 생겨나지 않는다.

"자신의 능력을 미래진행형으로 파악하는 것", 그것이야말로 새로운 것을 성취하고자 하는 사람에게 필요한 기술이다.

뭔가 좋은 아이디어는 없을까 고민하는 사람들을 보면, 그 아이디어를 밖에서 구하려는 경향이 보인다. 안으로 눈을 돌려보자. 지금 하고 있는 일의 가능성을 믿고 개량해보자. 상상도 할 수 없을 만큼 큰 혁신을 이룰 수도 있다.

내가 이끌어낸 혁신적인 성공들을 접한 사람들은 나에게 "선견지명이 있다"고 입버릇처럼 말한다. 그러나 평범한 인간에 불과한 내게 선견지명 같은 능력이 있을 리 있겠는가. 다만 나는 이미 가지고 있는 가능성을 최대한 추구했을 뿐이다. 그것이 사람들이 말하는 선견지명이라면, 불투명한 시대를 헤쳐 나가기 위해서는 누구나 선견지명을 갖춰야 한다. 선견지명은 밖에서 구할 수 있는 게 아니다. 기술과 경험 등을 몽땅 동원하여 가까운 곳에서부터 가능성을 추구해나갈 때에 얻을 수 있다.

시대가 아무리 변해도 가장 중요한 것은 늘 '바로 자신의 발밑을 주시하는 일'이다. 그 과정에서 자신이 가질 수 있는 가능성을 끝없이 추구해가는 일, 그것이 혁신에 이르는 왕도라고 나는 생각한다.

'도전'이란 좋은 울림을 가진 단어다. 그러면서도 동시에 상당한 고난과 위험을 동반하는 말이기도 하다. 도전은 또한 헤아릴 수 없을 만큼 엄청난 인내력과 노력, 용기를 필요로 한다. 도전하는 사람이라면 숱한 고난과 위험을 참고 견딜 수 있을 용기, 누구 못지않은 인내력 등을 갖추고 있어야 한다. 이러한 요소 없이 도전하는 것은 무모한 치기에 불과하며, 그런 사람은 야만인이나 다를 바 없다. 도전이라는 말은 아무나 쓸 수 있는 게 아니다.

기업의 운명을 책임지고 끌어가는 경영자라면 늘 운명의 도전자와 같은 자세를 갖추고 있어야 한다.

그리고 기업은 어떠한 위기에 부닥치더라도 안전하게 항해할 수 있을 만큼의 풍부한 자금력과 탄탄한 재무구조를 갖추고 있어야 한다.

성공을 꿈꾸는 개인 역시 어떠한 일에도 움직이지 않는 신념과 한결같은 인내력 그리고 그 일을 해내는 데 필수적인 능력을 갖춰야 한다.

도전할 수 있는 자격은 굳은 각오와 성공에 대한 확신을 가진 사람에게만 주어진다.

도전을 가능케 하는 또 하나의 힘은 바로 신념이다. 신념은 가능성을 만들어내는 열쇠다.

험난한 무한경쟁 시대에 새로운 일을 성취할 수 있으려면, 굳은 신념으로 도전에 나서야 한다. 신념을 가진 사람은 목표 지점에서 보내오는 희망의 빛을 볼 수 있다. 그렇기에 포기하지 않고 계속해서 도전할 힘을 얻는 것이다. 희망의 빛은 신념을 가지고 최선으로 도전하는 자들을 위한 선물이다.

새롭고 낯선 시도를 앞두고, 도전자는 늘 '이 일을 할 수 있을지' 두렵고 걱정되기 마련이다. 이럴 때 성공을 약속해주는 증거는 아무것도 없다. 단 하나, 자신의 마음속에 빛나는 신념의 빛을 제외한다면 말이다. 이조차 없다면 수많은 장애와 난관이 기다리고 있는 길 어디쯤에서 고꾸라지고 말 것이다.

도전을 꿈꾸는 이들에게 신념만큼 중요한 것은 없다. 다시 한 번 강조하지만, 신념은 그 가능성을 열어주는 열쇠다.

/ 리더란 누구인가

/ 어떻게 사람의 마음을 얻을 것인가

/ 조직은 무엇으로 성장하는가

/ 리더의 길에 답하다

2부

일의 성공, 어떻게 일하는가

천부의 재능은 결코 자신을 위해서만 사용하라고 주어진 것이 아니다.
겸허한 마음으로 집단을 위해 재능을 사용하는 리더가 되어야 한다.

| 5장 |
리더란
누구인가

집단을
행복으로
이끈다

"능력이 뛰어나고, 다른 사람을 이끄는 통솔력이 있으며, 인간성 또한 훌륭한 사람이야말로 최적의 자격을 가진 리더"라고 사람들은 종종 말한다.

하지만 나로서는 이런 의문이 남는다. 뛰어난 능력을 가진 사람은 많다. 인간성이 훌륭한 사람도 많다. 하지만 이런 사람들이 다 훌륭한 리더가 되는 것은 아니다. 통솔력만 해도 그렇다. 예컨대 졸개들을 이끄는 통솔력을 가진 범죄 조직의 보스를 리더의 자격을 갖췄다고 말할 수 있을까?

리더의 재능 또는 자질이란, 집단을 행복으로 이끌어가도록 하늘이 인간 세계에 일정 비율로 배분한 선물이라고 나는 생각한다. 그 자질을 갖춘 사람은, 그 재능을 헛되이 사용해서는 안 된다. 다시 말해 재능을 가지고 태어난 인간은, 하늘이 준 리더로서의 역할을 다해야 한다. 재능을 자랑하고 오만하게 행동하는 리더가 되어서도 안 된다.

천부의 재능은 결코 자신을 위해서만 사용하라고 주어진 것이 아니다. 겸허한 마음으로 집단을 위해 재능을 사용하는 리더가 되어야 한다.

리더는 항상 겸손해야 한다. 권력을 쥐거나 높은 지위에 오른 순간 타락하고 오만불손해지는 사람이 있다. 이런 리더가 이끄는 집단이나 조직은, 설령 일시적으로는 성공을 거둘지 몰라도, 지속적인 성장과 발전을 이룩할 수 없다.

자기중심의 가치관을 가진 사람들, 자기주장만 강하게 내세우는 사람들이 갈수록 많아지고 있다.

그 결과 이해와 양보 없이 대립하거나 격돌하는 일이 잦다.

"상대가 있기에 내가 존재한다."

"나는 전체의 일부다."

전통적으로 우리의 오랜 사고방식은 이런 것이었다. 상대적인 입장에서 사물을 인식해야 집단은 평화롭게 화합할 수 있다. 그리고 발전적인 협력을 꾀할 수 있다.

리더는 이처럼 집단 속에 좋은 분위기, 좋은 사회적 토양을 만들어나갈 능력을 가장 우선적으로 갖춰야 한다. 더불어 '이 조직의 구성원들이 있기에 비로소 내가 존재한다'는 겸허한 자세를 몸에 익혀야 한다. 이런 정신을 가진 리더가 있어야 조직은 지속적으로 성장하고 발전할 수 있다.

창의적으로 깊이 생각하라

리더는 항상 창의적인 사고를 해야 한다. 새로운 것을 구하는 마음, 지금 없는 것을 창조해나간다는 사고방식이 필요하다.

자신뿐 아니라 집단에 창조적인 무언가를 계속해서 도입해야 한다. 그렇지 않으면 집단의 지속적인 진보와 발전을 기대할 수 없다. 진보와 발전으로부터 등 돌리고 현재에 만족하다 보면 결과는 퇴보뿐이다.

현상 유지 관점에서 일을 해결하려는 리더의 생존 방식은 집단에도 동일한 영향을 미친다. 이처럼 안일한 인물이 리더의 자리에 오른다면 집단으로서도 비극적인 일이다.

무릇 창조란 생각에 생각을 거쳐 끝없이 고민하고 고민하는 괴로움 속에 탄생하는 무엇이다. 창조적인 마음이란 강한 의지와 바람이 지속되어 끝없이 더 나은 것을 추구하는 정신이다.

그렇다면 어떻게 창조적인 리더가 될 수 있을까? 리더란 자리는 자기 몸을 돌볼 시간도 없을 만큼 바쁜 자리다. 그럼에도 끊임없이 자신을 단련하고 계발해야만 하는, 고달픈 자리이기도 하다.

조직의 일에 최선을 다해 임하면 좋은 리더가 될 수 있다. 하지만 그것만으로는 인격적으로나 기술적으로나 직장을 넘어 세상을 움직일 리더가 될 수 없다.

일에 최선을 다한다면 실패하지 않는 리더는 될 수 있을 것이다. 하지만 집단의 진보와 발전은 기대하기 어렵다. 훌륭한 리더가 되려면 바른 인간성과 남다른 기술, 폭넓은 식견을 갖추고 계속 발전해나가야 한다.

휴일에 서점에 들러보라. 책 제목을 훑어보기만 해도 얼마든지 도움이 될 만한 책을 찾을 수 있다. 스스로를 발전시키기 위해 한 달에 두세 권의 책은 반드시 읽어야 한다. 인격을 완성할 수 있도록, 자신을 향상시킬 수 있도록 늘 수련하는 것도 리더가 취해야 할 자세 중 하나다.

그리고 필요한 또 한 가지가 Deep Thinking(깊이 생각하는 것)이다. 언제나 창의적으로 생각하는 리더가 되어야 한다.

이 모든 것을 통해 창조적인 리더가 완성된다.

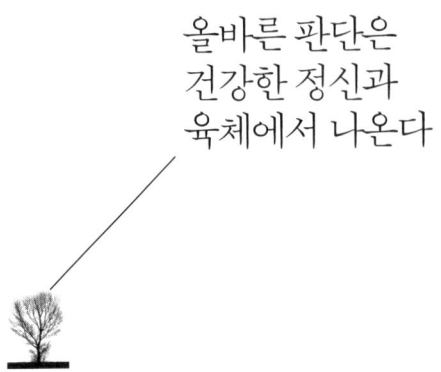

올바른 판단은
건강한 정신과
육체에서 나온다

리더란 매일 직원들과 다양한 내용을 상담하고 판단하여 어떤 결정을 내려야 하는 사람이다. 그 역시 사람이기에 조직의 일이 아니더라도 결정을 내려야 할 수많은 개인사도 있을 것이다. 이와 같은 사안들에서 판단하고 결정을 내릴 때 사람은 자기 안에 있는 '척도'에 따른다.

그런데 자신만의 기준을 가지고 있지 못한 사람이 적지 않다. 이런 사람들은 세상의 상식에 따라, 선례에 따라, 타인의 조언에 따라 판단하기 때문에 어려움을 겪는다.

그런가 하면 제멋대로인 척도를 가지고 있는 사람도 있다. 이들의 판단기준에서는 어디까지나 '나에게 이익인가 손해인가'가 가장 중요하다. 그래서 분명히 기준은 가지고 있지만 옳지 못한 판단을 내릴 수밖에 없다.

어찌 보면 인생은 판단과 판단의 연속으로 움직이는지도 모른다. 훌륭한 인생을 만들어나가려면 올바른 결정을 할 수 있는 판단력을 갖춰야 한다. 그러기 위해서는 판단을 하는 데 척도가 되는 건강한 철학을 가져야 한다. 여기서 철학이란 공정이요, 정의요, 성실이다.

다시 말해 인간으로서의 도리에 기초한 사고방식이다. 바로 이런 요소를 판단의 기준으로 삼아야 하고, 나아가 사회에서 옳고 그름을 나누는 척도로 삼아야 한다.

리더는 건강한 정신과 더불어, 육체적인 건강 또

한 갖추고 있어야 한다.

당연한 이야기 같지만 건강에도 세심한 주의를 기울여야 하는 것이다. 업무에 치여서 혹은 과도한 스트레스에 눌려 건강을 스스로 챙기지 못해 몸이 상한다면, 이 역시 훌륭한 리더로서의 자질이 부족하다고 할 수 있다.

어떠한 사안을 판단하고 결단을 내릴 때, 뜻밖에 체력이 중요한 변수가 된다. 예를 들어 건강이 나쁘고 몸의 상태가 좋지 않다면 체력이 따라주지 않아 자신감도 떨어지기 때문에 보다 진취적인 결정을 내리는 데 주저하게 된다. 그러면 현명한 결정을 내리지 못해 집단을 잘못된 방향으로 이끌고 갈 수 있다.

극단적으로 말해 리더는 자신의 건강을 돌볼 수 없는 상태에 이르렀다고 판단된다면, 스스로 그 자리에서 물러나는 것이 옳다. 공정하고 올바른 판단을 내리는 데 방해를 받기 때문이다. 리더는 공명정대하며 성실한 마음을 가지고 상황을 판단하고 결단을 내릴 수 있는 사람이어야 한다. 조금의 사심도 개입되지 않도록 정신뿐 아니라 육체 역시 강인하고 건강하게 유지해야 한다.

자기를 희생할
용기를 가져라

뛰어난 리더라면 '언제라도 자기를 희생할 용기'를 가지고 있어야만 한다.

집단이 한 단계 발전해나가고 변화하기 위해서는 그에 상응하는 에너지가 필요한 법이다. 이때 리더라면 어떠한 종류건 솔선수범하여 필요한 것을 아낌없이 베풀 수 있어야 한다. 스스로 자기희생을 하는 용기를 보여주는 것이다. 이 모습을 보면 부하직원들의 신뢰감이 높아질 수밖에 없다.

지금의 조직을 면밀히 살펴보라. 직원들이 일하기에 수월한 환경인가? 리더가 일하기 쉬운 환경이 아니라 조직의 대다수가 일하기 쉬운 환경이어야 한다.

리더에게 쉽고 편한 직장을 만들면, 대부분의 사원들에겐 어렵고 불편한 환경이 된다. 그러면 능률과 충성도가 떨어질 수밖에 없다.

그래서 필요한 것이 리더의 자기희생이다. 자기희생을 하려면 어디까지나 용기가 있어야 한다. 리더가 용기를 내어 자기희생을 실천한다면, 그 조직은 이른 시일 내에 변화와 개혁의 성과를 올릴 수 있을 것이다.

리더의 자기희생을 통해 집단 대다수가 일하기 쉬운 환경을 구축하는 것이야말로 사원들로부터 신뢰와 존경, 직장 내 협조와 규율, 그리고 발전을 얻을 수 있는 묘책이다.

또한 여러 사람을 움직이는 원동력은 오직 한 가지, 공평무사(公平無私, 공평하여 사사로움이 없음)의 정신이다. 여기서 무사(無私)란 '사적인 이익을 꾀하는 마음이 없는 것'을 뜻한다. 더불어 '자신의 사정이나 취향에 따라 판단하지 않는 것'을 가리킨다.

리더가 사사로움이 없는 마음으로 조직을 이끌면, 직원들은 자연스레 뒤를 따르기 마련이다. 반대로 자기중심적이거나 사욕을 채우려 한다면 직원들의 충성은 기대할 수 없다.

메이지유신을 이끈 정치인 사이고 타카모리는 말했다.

"돈도 필요 없고, 명예도 필요 없고, 목숨도 필요 없다고 말하는 이들만큼 책임감이 있는 사람은 없다. 그와 같은 사람이 아니면 국가의 대사를 맡길 수 없다."

사욕이 없는 사람이 아니면 높은 지위에 올라서는 안 된다는 의미다.

리더의 지시 하나로 직원들의 사기가 오를 수도, 반대로 떨어질 수도 있다. 그러므로 더욱 리더는 자신의 사정에 맞춰 지시를 내리거나 감정적으로 목표를 정하는 모습을 보이지 않도록 노력해야 한다. 더 많은 이들의 지지와 충성을 원한다면 말이다.

리더는 자기 자신이 서야 할 위치를 명확하게 이해해야 한다. 사리사욕으로부터 멀어져야 한다. 자신이 아니라 집단을 중심에 두고 좌표축을 세워야 한다. 또한 늘 청렴함을 잃지 않을 용기를 지녀야 한다. 직장 윤리와 규칙을 머리로만 이해하는 것이 아니라 몸에 익혀야 한다.

또한 리더는 결코 비겁해서는 안 된다. 리더의 비겁한 행동은 조직 내에 부정한 행위를 용인하는 분위기로 이어진다. 이는 자연스럽게 기만과 윤리의식의 저하를 초래한다. 그리하여 종국엔 신뢰와 존경이 사라지고 돌이킬 수 없는 혼란과 분란으로 이어지는 것이다.

과오가 있다면 깨끗하게 인정해야 한다. 조직과 조직원들에게 명확하게 사죄해야 한다. 결코 회피하거나 변명해서는 안 된다.

아닌 것 같지만, 직원들은 리더의 일거수일투족을

관심 있게 지켜본다. 그리고 각자가 어떤 직원이 되어야 하는지를 그 관찰의 결과에 비추어 판단한다.

직원들에게 바라는 것이 있는가? 그것을 솔선수범하여 보여줘라. 그래야 직원들이 믿고 따른다. 리더의 자기희생 정신은 그래서 중요하다.

리더의 행동은, 태도는, 자세는, 그것이 선하든 악하든 본인만의 문제가 아니다. 지금의 행동과 태도, 자세가 조직 전체를 움직이는 불길이 되리라는 것을 마음 깊이 새겨야 한다. 그리고 자기희생을 기꺼이 감내해야 한다.

조직을 이끌어가는 것은 리더지만, 조직은 리더를 비추는 거울이다. 그러니 수시로 그 거울 앞에 서서 자신을 비춰 보며 반성하고 경계해야 한다.

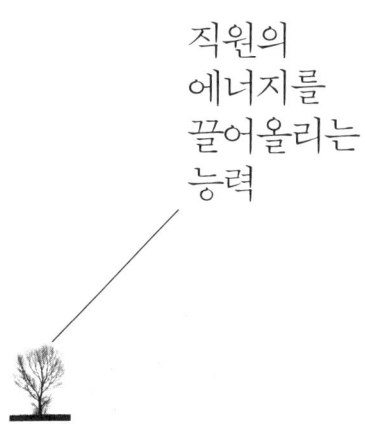

직원의
에너지를
끌어올리는
능력

 사람을 육성하는 것, 인재를 키우는 것 또한 리더가 해야 할 중요한 일이다. 엄격하게 가르쳐 등용하되, 자신감을 키워주어 자신의 자리를 스스로 만들도록 돕는 일이다.

 직원을 적재적소에 등용하기 위해서는 인물 평가를 올바르게 할 줄 알아야 한다. '이 사람이 역할을 다하기에 충분한 자질을 가지고 있는지'를 날카롭게 평가할 수 있어야 한다.

사람을 평가하는 요소에는 두 가지가 있다. 하나는 인간성이고 또 하나는 능력이다.

나로서는 인간성을 우선으로 한다. 왜냐하면 인격이 업무에 얼마나 커다란 영향을 미치는지를 잘 알고 있기 때문이다.

책임감 있는 사람을 정확하게 평가하여 알맞은 자리에 배치했다고 해서 끝이 아니다. 그 후에도 나는 그냥 두고 보면서 그가 하는 대로 방치하지 않는다. 사람은 누구건 반드시 장점과 단점이 있기 마련이다. 따라서 그 자리에 있기에 부족하거나 도움이 필요한 부분이 없는지 끊임없이 관찰하여 채워준다. 단점은 그 사람 스스로 고치도록 하거나 다른 사람을 보조로 두어 보완한다. 물론 그런 부분은 본인에게도 지적하여 충분히 단련하게끔 도와준다.

무엇보다도 리더라면 그 자신이 다른 직원을 올바로 평가할 수 있을 만한, 훌륭한 인간성과 더불어 탁월한 업무 능력을 갖추고 있어야 한다. 이는 두말할 필요도 없다.

그런데 아무리 좋은 아이디어를 제시하더라도, 직원 당사자가 열정을 가지고 임하지 않는다면, 일은 기대했던 만큼 성공적으로 마무리되지 못할 것이다. 물질적인 지원을 충분히 한다 하더라도 결과는 크게 달라지지 않을 것이다. 하지만 "어떻게 해서든 이 일을 완수해야 한다"는 리더의 꿈이 직원의 사기까지 강력하게 끌어올린 경우라면, 물질적인 조건이 열악하더라도 일은 기대 이상의 성공으로 이어질 것이다.

리더가 가지고 있는 열정과 에너지를 직원들에게 전달하는 것, 직원 개개인이 가진 에너지를 리더의 그것 이상으로 높여주는 것은 세상을 움직이는 리더가 되기 위해 꼭 연마해야 할 능력이다.

"하라"고 지시해야 겨우 "알겠습니다"라고 대답한다면 30퍼센트 정도밖에 성공할 가능성이 없다.

"할 수 있는가?"라고 물었을 때 "열심히 해보겠습니다"라고 말한다면 50퍼센트 정도의 가능성을 점칠 수 있다. 그런데 직원 스스로 나서서 "제 일입니다. 어떻게든 완수하겠습니다"라고 했다면 성공률이

90퍼센트를 넘어선다.

90퍼센트 성공률을 올릴 때까지 직원의 에너지를 끌어올리는 것이 바로 리더의 몫이다.

직원이 업무 내용에 어느 정도의 애정과 열정을 가지고 있는지를 먼저 파악해야 한다. 만약 열정이 없다면 리더는 열정을 갖게끔 해야 한다.

리더는 애정을 가지고 부하직원들에게 다가가야 한다. 그러나 이 애정이 흔히 말하는 맹목적인 사랑이 되어서는 안 된다. 귀엽다고 응석을 다 받아주다가 아이의 인생을 그르치는 부모의 예를 생각하자. 어려서부터 자애롭되 엄하게 교육시키고, 예의범절을 잘 가르쳐 훌륭한 인생을 살아가게 하는 예 또한 생각하자. 전자를 소선(小善), 후자를 대선(大善)이라고 할 수 있겠다.

직장에도 다양한 상사의 모습이 존재한다. 부하직원의 의견을 잘 들어주고 편하게 지낼 수 있도록 하는 상냥한 상사도 있고, 농담 한마디 통하지 않을 만큼 굉장히 엄격한 상사도 있다. 중요한 것은 어떤 경우건 나름의 신념이 있어야 한다는 점이다.

어떠한 신념도 철학도 없이 단지 부하직원들에게 인기를 끌고 영합하려고만 하는 상사라면, 결국 누구에게도 도움이 되지 않을 것이다. 부하직원 입장에서야 잠깐은 편할지 모르지만, 그러한 편안함은 훗날 오히려 독이 되어 돌아올 것이다.

긴 관점에서 본다면 엄격한 상사 쪽이 더 낫다고 생각한다. 부하직원을 단련시켜 더욱더 성장시켜준다는 점에서 말이다.

"소선은 대악(大惡)과 닮아 있다"는 말이 있다. 단기적으로 좋은 것이 결과적으로 정말 좋은 것은 아닐 수 있다.

유능한 리더라면 진정 어린 애정을 가지고 부하직원을 대해야 한다. 그들이 스스로 능력을 개발해나가도록 길을 만들어줘야 한다.

마음은 위대한 업적을 낳는다. 사랑받기 위해서는 먼저 사랑해야 한다. 마찬가지 이치로 '마음'을 기본으로 한 인간관계를 구축하기 위해서는 리더가 먼저 훌륭한 '마음'을 지녀야 한다.

| 6장 |
어떻게 사람의 마음을 얻을 것인가

사고방식을 공유한다

인간만큼 다양한 존재도 없을 것이다. 조직 내에서도 많은 사람이 저마다 완벽하게 자유로운 발상을 하며 살아가고 있다. 리더는 그런 다양성을 충분히 이해하고 모두가 만족할 수 있도록 조화를 이루어내야 한다.

그런데 내 경험을 돌이켜보면, '모두가 만족할 수 있는 조화'란 거의 이상에 가깝다. 실제로는 힘이 잘 모이지 않기 때문이다. 역사를 보더라도 각기 다른 패거리가 모여 오랜 시간 번영한 집단은 찾아보기 힘들다.

조직을 구성하는 개개인이 지향하는 바가 일치하지 않으면, 조직의 힘은 분산되고 그 힘 역시 계속해서 발휘하기가 불가능해진다. 따라서 리더는 집단이 가진 '역량의 방향'을 늘 일치시킬 필요가 있다.

역량의 방향을 일치시킨다는 것은 사고방식을 공유한다는 의미다. 인간으로서 생각하고 행동하는 가장 기본적인 철학을 공통의 좌표축으로 삼아, 개인이 각자의 개성을 충분히 발휘하며 조화와 화합을 꾀하도록 하는 것이다.

동호회나 서클이라면 자유로운 발상과 개성의 발휘만으로도 모임이 충분히 즐거울 수 있다. 그러나 목적을 가진 회사나 집단이라면 이야기가 다르다. 소속원들은 가치관을 공유해야 한다. 그래야 비로소 목표 달성을 위한 영속적이고 집중적인 대처가 가능해진다.

조직의 화합을 위해 세대를 넘어선 공명이 이뤄져

야 한다.

경영자의 철학을 조직 내에 전달할 때, 연령·직급·인생 경험의 차이에 따라 이해하는 정도가 달라질 수 있다. 경영자와 사원 사이에 연령 차이가 거의 없다면 서로 통하는 부분이 많을 것이고, 그러한 친근함으로 리더십을 발휘할 수 있을 것이다.

그러나 거의 대부분 리더와 직원들 사이에는 부모와 자식만큼이나, 때로는 그 이상으로 연령 차이가 있기 마련이다. 게다가 경영자의 철학에 시대적인 배경이 강하게 반영되어 있을수록 젊은 직원들이 느끼는 세대 차이는 커질 수밖에 없다.

그러나 리더의 철학에는 시대나 지위를 뛰어넘는 보편성이 있어야 한다. 모든 인간에게 공통되는 기반이 있어야 한다. 그래야 젊은 직원들로부터 이해를 받을 수 있다. 나이차가 나더라도 '인간으로서 올바른 것'이라는 원리원칙에 입각한 철학이라면, 세대를 뛰어넘은 공명을 일으킬 수 있다.

"일하지 않는 사람, 일하려고 하지 않는 젊은이들

이 많다"고 한탄하는 목소리들이 많이 들린다. 하지만 아직 세상은 희망이 더 많다. 미래의 꿈을 안고 전진하려는, 세대를 초월한 사람들은 이즈음에도 어디에서나 찾아볼 수 있다. "어떤 힘든 일이라도 도전해보겠다"는 젊은이도 여전히 많다. 이들에게 리더로서 명확한 메시지를 줄 수 있어야 한다. 인간 공통의 관심사에 기반한 내용이라면, 나이차가 많이 나는 젊은이들도 분명 이해해줄 것이다.

세계가 하나의 생활권으로 향해 가면서 기업의 국제화와 해외진출이 급격해지고 있는 이즈음, 잊어서는 안 될 것이 있다. '국제적인 기업 이념'을 확립해야 한다는 것이다. 이것을 가지지 않는 한, 아무리 뛰어난 기술과 풍부한 자본력이 있다 하더라도 진정한 의미에서의 해외진출 성공은 불가능하다. 이때도 리더의 역할이 중요하다.

일본식 경영이 좋다느니 미국식 경영이 좋다느니 논의가 있었던 것으로 기억한다. 답은 다른 곳에 있다. 기업 경영에서 중요한 것은 인종과 국경을 초월하여 '인간으로서 공유할 수 있는 이념'이라는 점이다.

그러므로 현지에 파견된 리더라면 현지인 매니저부터 현장의 담당자까지 마음을 사로잡을 수 있는 인간적 매력이 있어야 한다. 현지 직원들이 '이 사람에게는 마음을 터놓을 수 있겠구나' 생각할 수 있도록 충분한 매력을 가진 리더가 되어야 한다.

리더는 인종과 언어, 세대 차이, 역사와 문화 등에서의 차이를 넘어 화합을 이루고 존경을 얻어내야 한다. '인간으로서 공유할 수 있는 이념' 아래 인간이라는 다양한 존재들이 하나로 마음을 모아 일하도록 만들어주어야 한다.

리더의 길은 이렇게나 험난하다. 하지만 그 길을 가도록 재능을 타고난 이상, 자신의 맡은 바를 온 힘을 다해 해내야 한다. 그것이 참된 리더의 사명이다.

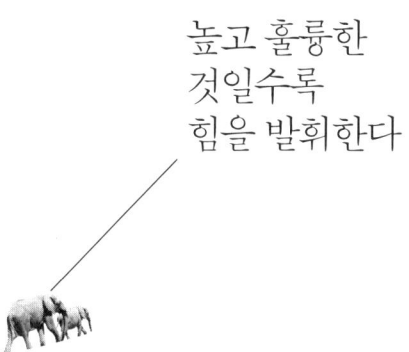

높고 훌륭한
것일수록
힘을 발휘한다

 일본식 경영이 주목을 받은 적이 있다. 유럽인의 시각에서는 '회사를 위해 최선을 다해 일하는 사원'이 이해하기 힘든 모습일지 모른다. 그리하여 일본식 경영의 이면에는 분명히 뭔가 훌륭한 시스템이 있을 것이라 생각하기도 하는 모양이다.

 일본인의 근면성은, 근면을 귀하게 여기는 고대 일본의 전통적인 가치관에 기초하고 있다. 일본 기업이 우수한 것도 그 가치관이 몸에 밴 중견사원들이 최선을 다해 일해주었기 때문이다.

   그러나 앞으로가 문제다. 채 10년도 지나지 않아, 풍족한 시절에 성장한 세대가 기업의 중심을 차지하게 되면서 개인주의가 문제로 떠오를 것이다. 그렇게 되면 미국 산업의 몰락이 지나친 개인주의로 인해 '일을 사랑하는 마음'이 사라진 것에서 비롯되었듯 일본의 기업들도 쇠퇴의 길을 걷게 될 것이 틀림없다.

   개인주의가 만연한 미국에도 IBM이나 휴렛팩커드처럼 기업의 사상과 철학을 꾸준히 내세우며 발전을 거듭하는 기업이 있다. 따라서 경영자들도 지난 시대의 윤리관에서 비롯되는 '사원의 근면성'에만 기대서는 안 된다. 오히려 젊은 사원에게 '일하는 것에 대한 열의'와 '삶의 보람이 되는 기업의 철학'을 선보이고 공감을 얻고자 노력해야 한다. 그게 아니라면 미국 산업의 몰락을 타산지석으로 삼아 우리 처지를 더 나은 방향으로 이끌어가기란 어려울 것이다.

그렇다면 회사란 어떠한 모습이어야 하는가. 당신이 CEO라면 회사를 어떻게 발전시킬 생각인가. 만일 당신이 최고를 목표로 한다면, 그에 이르는 과정은 무척이나 험난하고 고통스러운 여정이 될 것이다.

기업 경영을 좌우하는 요소에는 보이는 부분과 보이지 않는 부분이 있다. 보이는 부분이란 물리적으로 계산할 수 있는 자금력, 기술개발력, 기계설비 등이다. 보이지 않는 부분이란 기업의 리더와 직원들이 만들어가는 분위기, 기업 철학, 이념 등이라고 할 수 있다.

최고의 기업이 되려면 보이는 부분은 물론이고 기업 철학과 회사 분위기 등 보이지 않는 부분까지도 최고가 되어야 한다. 그 과정은 어쩌면 리더를 비롯한 조직원 모두에게 고통스러운 일이 될지 모른다. 지나치게 엄격하고 자기 수양에 가까운 삶의 방식을 요구받기 때문이다.

그렇지만 "일류 회사로 만들고 싶다"는 경영자나

"훌륭한 회사에서 일하고 싶다"는 사원이나, 꿈이 크고 높은 만큼 스스로 짊어져야 하는 의무 역시 커진다는 사실을 명심해야 한다.

나는 회사를 창업하고 1년이 지나고서야 '큰일을 시작했다'는 사실을 비로소 깨닫게 되었다. 교세라 창업멤버는 모두 여덟 명으로 자신들의 기술이 세상의 인정을 받을 수 있을 것인가 시험해보고 싶은 생각에 함께한 이들이었다.

하지만 이후 직원들을 채용했을 때, 그 젊은 직원들의 생각은 다르다는 것을 알았다. 그들은 자신의 일생을 회사에 맡기려고 생각하고 있었다. 창업하고 1년여가 지나던 즈음, 그 차이가 젊은 직원들의 미래에 불행을 불러오지 않을까 싶은 예상이 찾아들었다.

그리하여 나는 진지한 고민에 빠졌다.

"회사란 무엇일까?"

회사에 인생의 높은 꿈을 걸고 있는 젊은 직원들의 기대를 절대로 배신할 수 없었다. 이후로 나는 경영의 기본을 '전 종업원의 행복을 물심양면으로 추구하는 것'과 '인류 사회의 진보와 발전을 위해 공헌하는 것'으로 대폭 바꾸어 세웠다.

다시 말해 회사에서 일하는 모든 사원과 그 가족까지 포함한 사람들의 생활을 지켜 그들이 행복한 인생을 보낼 수 있도록 하는 것을 경영의 최우선 축으로 삼았다. 이에 더해, 우리들의 기술로 인류의 과학기술 진보에 공헌하는 한편 이익의 일부를 세금으로 납부하여 공공의 복지에 공헌하는 것을 목표로 삼았다.

그로부터 많은 세월이 흐른 지금도 나는 생각한다. 세상에 이보다 더 절실한 '기업의 목적'은 있을 수 없다고 말이다.

리더로서 기업 경영의 목적을 어디에 두는가는 최고로 중요한 문제이다. 그 목적은 되도록 숭고하고 고차원적인 것이어야 한다고 나는 생각한다.

기업 경영의 목적은 다시 말해 기업 경영자의 인생관이라고도 할 수 있다. 비뚤어진 인생관, 명예욕이나 금전욕처럼 탁한 욕구에서 비롯된 인생관은 광기 어린 열정에 불과하다. 이 같은 인생관을 가지고 일시적으로는 성공을 거둘 수 있을지 모른다. 그러나 잘못된 열정의 어두운 에너지 탓에 결국은 쓰디쓴 실패를 맛보게 될 것이다.

반면에 리더의 인생관과 경영 철학이 고차원적이고 숭고하다면, 성공을 거둔 후에도 훗날 나락으로 떨어질 일은 없을 것이다. 바로 내가 그러했던 것처럼 말이다.

"높고 훌륭한 것일수록 힘을 발휘한다." 기업 경영의 철학을 세워나가는 젊은 리더들에게 당부하고 싶은 말이다.

마음을 감동시키고 움직여라

    나는 사람의 마음을 기초로 한 경영을 해왔다. 그랬기에 조직 내에서 서로 믿고 신뢰할 수 있는 '마음의 유대'를 어떻게 실현시킬 수 있을까 오랜 시간 초점을 맞춰왔다.

    마음은 위대한 업적을 낳는다. 사랑받기 위해서는 먼저 사랑해야 한다. 마찬가지 이치로 '마음'을 기본으로 한 인간관계를 구축하기 위해서는 리더가 먼저 훌륭한 '마음'을 지녀야 한다.

기업의 리더는 높고 편한 자리가 아니다. 낮은 자세로 사심을 버리고 봉사하는 자리다. 리더는 온 직원이 스스럼없이 마음을 기댈 수 있는 회사 분위기를 만들기 위해 벼랑 끝에서 몸을 던질 각오를 가지고 있어야 한다.

사람의 마음만큼 움직이기 쉽고, 믿을 수 없는 것도 없을 것이다. 그런가 하면 세상에 이만큼 굳세고 중요한 것도 없다고 생각한다.

역사를 되짚어 보더라도 사람들이 힘을 합친 '마음의 유대'가 가져온 위대한 업적은 일일이 셀 수 없을 정도다. 반대로, 사람의 마음이 황폐해져서 집단의 붕괴를 초래한 예들 역시 우리는 많이 알고 있다.

마음이 마음을 부른다. 사람들을 대할 때, 리더는 이 점을 잊어서는 안 된다. 믿을 수 있는 인간관계가 없으면 기업 경영은 성립될 수 없다.

그런데 믿을 수 있는 인간관계란 어떤 식으로 형성되는 것일까?

나는 처음에는 믿을 수 있는 동료를 '만들려고'

생각했다. 내 외부에서 신뢰관계를 얻고자 한 것이다. 그러나 현실은 내 생각과 달랐다. 나 자신의 마음이 누군가로부터 신뢰받을 수 있는 종류의 것이 아니라면, 서로 신뢰할 수 있는 관계는 형성되지 않는다는 것을 깨달았다. 믿을 수 있는 인간관계란 결국 자신이 가진 마음을 뒤집어 놓는 것과 다르지 않았던 것이다.

나 역시 사람에게 배신당한 적이 몇 차례 있다. 그런 일을 당하고도 나는 그다지 개의치 않으려 했다. 오히려 사람을 더 확실히 철저하게 믿으려고 노력하고 있다. 내 마음이 상대방의 신뢰에 충분한 정도인지를 항상 스스로에게 묻고 답하면서 마음을 보다 좋게 하고자 노력하고 있다.

항상 나만 손해를 보는 경우라 해도 마찬가지다. 나 스스로 사람을 믿지 않으면, 신뢰관계는 영영 생겨나지 않는다.

신뢰란 밖에서 구하는 것이 아니다. 자신의 마음속에서 구하는 것이다.

나는 회사를 '기업 경영이라는 광대한 드라마를 연기하는 극단'이라고 생각하곤 한다.

남자배우와 여자배우 두 명이 주연으로서 연기하고, 악역과 단역 등 몇몇 조연들이 있다. 그리고 무대 뒤에는 음향과 조명, 분장, 소품 등을 담당한 이들이 숨어 하나의 거대한 연극을 진행하는 것이다. 역할이 다를 뿐 이들 모두는 평등하다. 평등하지만, 주연 배우가 스텝용 의상을 입고 있어서는 안 된다. 각자가 각자의 역할에 충실해야 한다. 예를 들어 주연 배우는 멋지게 분장하고 무대 중앙에서 스포트라이트를 받아야 한다.

회사도 마찬가지다. 사장도 연극무대의 역할 중 하나일 뿐이다. 주역이 초라해서는 회사의 체면이 서지 않는다. 그래서 역할에 어울리는 차를 타고 고위급 인사들과 교제하는 게 필요하다. 그에 맞는 대우 또한 필요하다. 그러나 사장이라고 하여 제멋대로 자신의 편의만 내세워서는 안 된다. 이는 주어진 역할을 특권으로 여기는 착각의 소치다.

창업자라 해도 마찬가지다. 극단에 속한 구성원이라면 누구도 자기 멋대로 굴 권리는 없다. 그 안에서라면 어디까지나 평등이 기본이 되어야 한다. 단지 각자의 맡은 바 역할을 위해 직급이 나뉘어 있을 뿐이다.

한창 성장하고 있는 기업의 리더는 '직원들은 당연히 따라오는 것'이라고 생각하여 무조건 선두에 서서 일을 진행하기 쉽다. 하지만 종종 뒤를 돌아보아야 한다. 직원들이 정말 별탈 없이 따라오고 있는지를 확인해야 한다.

리더는 직원들의 신뢰를, 신뢰를 넘어서 존경하는 마음까지 얻을 수 있어야 한다. 그러려면 일상에서 '서로 마음을 나누는 것'을 소중히 생각해야 한다. 직원들이 자신을 잘 따르도록 세심하게 마음을 쓸 줄 알아야 한다. 신뢰는 마음 밖에서 구해지지 않는다.

조직의 장으로 바쁜 하루하루를 보내는 와중에, 늘 직원 개개인과 가까이 접촉하기란 사실상 불가능하다. 그러나 계획을 세워 함께 식사를 하거나 노력한 바에 대해 칭찬의 말을 건네는 정도는 충분히 할 수 있다. 그러한 헤아림이 직원들의 마음을 감동시키고 움직인다. 그런 마음이 지속될 때 사내에 화목과 화합의 분위기가 싹트는 것이다.

> 자신보다
> 상대의 이익을
> 먼저 생각하라

    장사란 '신용을 쌓아가는 것'이다. 그리고 자신을 믿어주는 사람이 늘어날 때 덩달아 수익이 증가하는 법이다.

    장사에서 신용은 기본 중의 기본이다. 봉사하는 정신으로 좋은 상품을 싸고 정확하게 제공하다 보면 가랑비에 옷 젖듯 손님들로부터 신뢰를 쌓아갈 수 있다. 여기에 더해 도덕성과 인격까지 돋보인다면, 신뢰를 넘어 존경까지 받게 된다.

손님으로부터 존경을 받는 것이야말로 장사의 궁극이라고 나는 생각한다.

존경받는 장사꾼이 되면, 손님은 내가 내놓는 물건의 품질이나 가격 등은 전혀 의심하지 않을 것이다.

장사하는 사람에게 '도덕성과 인격'이란 가격이나 품질 등 물리적인 한계를 넘어서는 가치다. 꼭 이루고 지켜내야 할 철학이다. 하늘도 감복할 정도의 도덕성과 인격을 갖추어야 비로소 훌륭한 장사꾼이라 할 수 있다.

기업도 마찬가지다. 물론 기업이란 이익을 추구하는 집단이다. 그런데 이 의미를 잘못 이해하여 자신들만의 이익을 추구하는 기업들을 종종 볼 수 있다. 절대로 있어서는 안 되는 일이다. 소비자와 거래처에 대해서는 말할 것도 없고, 사내의 관계에서도 '서로를 기쁘게 하는 것'은 장사의 기본 가운데 기본이다.

우리가 납기일에 쫓기며 최선을 다해 일하는 이유는 무엇인가. 손님이 필요로 할 때 상품을 제공하려는 마음 때문이다. '대충 만든 제품'을 생산하지 않으려고 노력하는 이유는 무엇인가. 손님의 정당한 욕구를 충족시키고 싶은 마음 때문이다. 모든 것은 손님을 기쁘게 해드리고 싶다는 한 가지 목표에서 비롯되는 것이다.

자신의 이익만 생각하고 자기중심적으로 사물을 생각하는 사람에게는 성공의 기회가 찾아오기 힘들다.

훌륭한 비즈니스를 할 수 있는 사람은 '상대방에게 이익이 돌아가도록' 하는 사람이다. 상대방에게 이익이 돌아가도록 한다면 나에게 손해가 아니냐고 물을 수 있다. 나는 절대 그렇지 않다고 단언한다.

결국 그 이익은 한 바퀴 돌아 나에게 기회라는 모습을 하고 찾아온다. 더 나아가서는 나 자신의 이익이 창출되기도 한다. 이 같은 원리를 알고 실천해야 한다. 그것이 하늘도 감복할 사업인의 도덕성이다.

항상
공명정대하라

  사회가 복잡해지면 그 속에서 발생하는 현상들도 복잡해지기 마련이다. 고도로 복잡해진 사회를 단순히 현상적인 측면에서만 보는 습관이 들면, 자칫 그 이면의 본질을 놓쳐버릴 수 있다. 리더라면 이 점을 특히 조심해야 한다. 조직 경영에서 무엇보다 중요한 것은 현상 속의 본질을 밝히고 판단하고 결정하는 일이기 때문이다.

  1970년대 초에 이른바 '일본열도개조론'이 제기

되었다. 그와 함께 토지 붐이 일어나고 많은 회사가 자사의 가치 상승을 기대하며 앞 다투어 토지를 구입했다. 그러나 나는 그 대열에 합류하지 않았다. 기업이라면 당당하게 땀 흘려 물건을 만들고, 그것을 판매하여 이익을 내는 것이 옳다고 믿었기 때문이다.

    이후에 오일쇼크가 발생하였고, 자금이 토지에 묶여 유동성 위기를 겪는 회사가 속출하였다. 당시 우리 회사는 비교적 유리한 입장에 설 수 있었다. 보유 자금이 많아 유동성에 문제가 없었고 자금 수지도 흑자라서 새로운 설비투자까지 할 수 있는 상황이었으니 말이다. 덕분에 사회로부터 좋은 평가를 받게 되었다.

    나라고 미래를 정확하게 예측하는 능력이 있을 리 있겠는가. 그러나 차이가 있다면, 세상의 많은 이들이 현상적인 측면에 사로잡혀 지나치게 부화뇌동하지만 나는 그렇지 않았다는 것뿐이다. 나는 무엇이 올바른 것인가를 늘 먼저 생각했다. 그리고 내가 가진 삶의 방식을 굳게 지켜왔다.

리더는 자신의 기업을 위해, 조직을 위해 이익을 추구해야 한다. 이것은 결코 부끄러운 일이 아니다. 자유경쟁의 원리가 작동하는 시장에서 당당하게 상행위를 하여 얻은 이익은 정당한 것이다. 치열한 가격경쟁 속에서 생산과 유통 구조를 합리화하고 부가가치를 높이고자 노력을 기울이는 등 경영자와 조직원 모두 이마에 땀을 흘려가며 얻은 이익은 얼마든지 자랑해도 좋은 것이다.

그러나 지나치게 이익만을 추구한 나머지 '인간의 도리'에 어긋나는 수단을 써가며 기업을 경영해서는 안 된다. 늘 공명정대해야 한다. 정직한 업무 과정과 제품을 통하여 노력의 성과로써 이익을 취해야만 한다. 그 같은 정도를 걷고자 항상 노력해야 한다.

다른 이들에게 피해를 입힐 수 있는 비굴한 수단으로 일확천금을 꿈꾸어서는 안 된다. 한 예로 오일쇼크 당시 이를 천재일우의 기회라고 여기고는 가격을 조작한 기업이 있었다. 하지만 결국엔 자기중심을 잃고 무너지고 말았다. 그것은 누가 봐도 당연한 결과라고 나는 생각한다. 지속적으로 성장·발전하는 기업을 이끄는 훌륭한 경영자라면, 사회적 위기 상황을 이용하여 부당하게 폭리를 얻고자 하지 않을 것이다.

한편 기업의 이익과 리더 자신의 이익이 동시에 관련될 때 리더는 늘 기업의 이익에 무게가 실리는 윤리관을 가져야 한다. 예를 들어 기업을 상장할 때 종래의 주주가 가지고 있는 주식을 시장에 내놓는 방법과 기업이 새롭게 주식을 발행하여 시장에 내놓는 두 가지 방법이 있다. 여기서 전자의 방법을 취하면 리더를 포함하여 주권을 소유한 기존 주주들에게 이익이 돌아간다. 반면에 후자의 경우는 발생되는 이익이 모두 기업에 귀속된다.

나는 그런 일이 있을 때 단 한 순간의 망설임도 없이 두 번째 방법인 신주 발행을 결정하였다. 내 경제적인 이익보다는 직원과 나 사이의 진정한 신뢰가 더 중요하다고 판단했기 때문이다. 그리고 이것은 이런 나의 평소 신념을 이해하여 최선을 다해 일해주는 직원들 때문이기도 하다.

  리더와 조직 내 사원들은 주종 관계가 아니라 파트너십의 관계에 있다. 사원의 장래를 위하여 리더는 기업을 탄탄하고 윤택하게 키우고 영원히 번영할 수 있도록 정직한 방식으로 운영해야 한다. 이것이 경영자가 따라야 할 기본적인 윤리이자 도리다.

| 7장 |

조직은
무엇으로
성장하는가

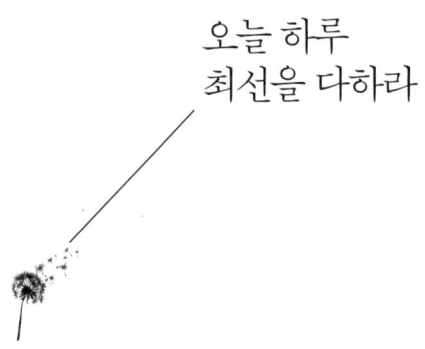

오늘 하루 최선을 다하라

나는 장기적인 경영계획을 세워본 적이 없다. 내일 일은커녕 오늘 일조차 제대로 예측 못 하는데 10년 후가 보일 리 없기 때문이다.

다만 나는 '오늘 하루' 최선을 다하기 위해 늘 노력해왔다. 오늘 하루 열심히 일하고 열심히 공부하면 내일 걱정을 하지 않아도 되리라고 믿으면서 말이다.

그런 하루하루가 쌓여 5년이 지나고 10년이 지나

면, 자신도 모르게 커다란 성과가 쌓여 있지 않을까. 어떻게 될지 모르는 미래를 말하기 전에, 오늘 하루를 완벽하게 살아가는 편이 중요하다는 생각으로 나는 지금까지 연구하고 경영하며 살아가고 있다.

그래서 나는 때때로 이렇게 단언한다.

"오늘을 완벽하게 살면, 내일이 보인다."

실제로도 이러한 삶의 방식을 30년 이상 지속했더니 어느샌가 삶에 질적인 변화가 보이기 시작했다. 이는 "한 분야에 집중해서 완벽해지면 모든 것에 통하는 경지에 이른다"는 이치와도 비슷하다.

최선을 다해 살면 모든 것과 통할 수 있다. 미래를 내다보는 것은 오늘을 사는 것의 연장선에 지나지 않는다.

기업 경영이란 도박이 아니다. 한판 승부가 아니다. 국면에 따라 급소를 찔러 쟁취하는 바둑 명인의 기예가 아니다. 착실하게 하루하루를 살아가야 하는 활동인 것이다.

경영이란 대기업이든 중소기업이든 하루하루 쌓

여가는 숫자의 집적이다. 매일의 경비나 매상을 축적하지 않으면 제대로 된 경영은 불가능하다.

월말의 손익계산서를 보고 경영을 하는 것이 아니다. 매일 이루어지는 활동이 쌓여야 다음 달의 손익계산서가 만들어지는 법이다. 하루하루 손익계산서를 만들고 있음을 온몸과 마음으로 실감하며 경영에 임해야 한다.

매일의 숫자를 보지 않고 경영을 하는 것은 그날의 일기예보를 보지 않고 비행기를 조종하는 것과 같다. 비행기는 어딘지 모를 곳을 향해 날아가고, 어디에 착륙할 것인가도 알 수 없게 될 것이다.

매일 쉬지 않고 이뤄지는 기업의 활동에 집중하지 않고는, 하루 이틀 제외하는 것을 쉽게 생각해서는 절대 제대로 경영할 수 없다. 원하는 목표에는 끝내 도달할 수 없을 것이다. 일일 손익계산서는 리더가 하루하루 살아가는 삶의 방식이 누적된 결과라고도 할 수 있다.

꿈에 취한 열정으로 시작하라

나는 새로운 사업을 시작할 때, 불안감을 가지거나 걱정을 해본 적이 한 번도 없다.

물론 신규 사업을 시작할 때 쉬운 길로만 가지는 않았다. 그래서는 안 된다는 것도 잘 안다. 한 걸음 전진할 때마다 벽에 부딪히고 그 장벽을 하나하나 극복해가는 과정의 연속이 되어야 한다. 이런 과정을 거쳐야만 성공에 다다를 수 있다.

일이 잘 풀리려면 마지막 목표까지 내다볼 수 있

고, 시작하기 전부터 자신감에 가득 차 있으며, '언젠가 와본 적이 있는 길'을 걷고 있는 듯한 느낌이 들어야 한다.

그렇게 되기 위해서는 항상 일을 생각해야 한다. 의문 한 점 남지 않을 정도로 끝까지 생각해야 한다. 머릿속에서 철저하게 시뮬레이션 과정을 거쳐야 한다. 일의 진행 과정이 거의 시각적인 영상으로서 머릿속에 자리 잡도록 해야 한다. 나는 그것이 '컬러로 보일 만큼 선명해야 한다'고 생각한다.

이처럼 '보이는' 경지는 자기 자신에게는 성공에 이르는 확신을 심어주고 주변 동료에게는 행동으로 옮길 수 있게 하는 강한 의지를 불러일으킨다.

보이는 경지는 리더가 업무에 관한 중대한 결단을 내리는 데에도 큰 도움을 준다.

경영자 입장에서 무척 어려운 결단 가운데 하나가 '사업에서 철수할 때'의 그것이다. 어떤 사업이 충분한 수익성을 내지 못하는 경우, 어느 선에서 언제 어떻게 그만둘 것인가를 정하는 것 말이다.

조금 시도해보고 물러나는 게 버릇이라면 무엇을 해도 성과를 올리기 힘들 것이다. 반대로, 지나치게 깊게 들어갔을 때도 돌이킬 수 없는 상황에 처하게 된다.

'수렵민족이 사냥감을 뒤쫓듯' 성공할 때까지 멈추지 않는 것을 원칙으로 삼고 있는 나지만, 때로는 어쩔 수 없이 도중에 철수해야 했던 적도 있었다. 그때는 실로 "칼도 부러지고 화살도 없는" 정신 상태였다.

물질적인 문제는 둘째 치고 열정마저 없다면, 새로운 사업을 개발하는 건 꿈도 꿀 상황이 아니라고 나는 생각한다. 열정이 바닥날 때까지 노력하였지만 그래도 성공을 못 했다면, 언제라도 나는 거기서 만족하고 미련 없이 철수를 준비할 것이다.

근성을 다해 싸우는 것이 우선 전제되어야 한다. 그러나 모든 것이 자신의 생각대로 될 수는 없다. 어느 순간에는 '정말 물러날 때인가'를 과감하게 판단할 수 있어야 한다.

비즈니스를 성공으로 이끌기 위해서는 꿈을 꿔야 한다. 그리고 그 꿈에 흠뻑 취해야 한다. 일반적으로 사업을 시작할 때 "자기 아이디어에 취해서는 안 된다"는 충고를 듣게 된다. 치밀한 수지계산과 채산예상에 근거하여 일을 진행해야 하는데, 꿈에 취한 듯 들뜬 상태에서 시작하면 실패가 빤하다고 하는 이야기다.

맞는 말이다. 그러나 나는 그에 앞서 '결단을 내릴 정도의 동기를 부여하는 열정'이 절대적으로 필요하다는 이야기를 하고 싶다.

나에게도 그런 경험이 있다. '제2전전(현 KDDI)'과 같은 새로운 사업을 시작하던 무렵, 성공할 수 있다는 꿈에 취하지 않았다면 절대로 시작할 수 없었을 것이다. 광대한 투자가 필요한데다 그것을 보증해줄 사람이 아무도 없었다. 이성으로 판단하자면 "절대로 해서는 안 된다"는 결론밖에는 나오지 않는 상황이었다.

이때 힘이 되어준 것은 '꿈에 취한' 상태와 열정

뿐이었다. 어떻게 해서든 그 일을 하고 싶다는 마음이, 마치 둑이 터지듯 한꺼번에 쏟아지면서 내가 행동으로 옮길 수 있도록 해주었다.

다만, '꿈에 취한' 상태는 사업을 시작하기 직전까지만으로 만족하는 게 좋다. 일단 결단을 내린 순간에는 취한 상태와는 정반대인 '냉철한 이성'으로 돌아와야 한다. 차분한 자세로 구체적인 방법을 정하고 최선을 다해 임해야 한다.

끊임없이
옳은 길을
걷고 있는지
돌아보라

"올바른 동기에 의한 것인가?"

기업을 경영하면서 항상 자문하는 내용 가운데 하나다. 새로운 사업을 시작하기 전, 나는 자신에게 항상 이렇게 묻곤 한다.

"올바른 동기에 의한 것인가?"

이 같은 자문자답을 통해 내 '의도'의 선악을 판단하는 것이다.

선이란 보통 좋은 것이다. 여기서 보통이란 '누가

보더라도 그렇게 생각한다' 라는 의미다.

자신의 이익, 사정, 모습만으로 목표를 끝까지 완수할 수 있는 것은 아니다. 끝까지 가려면 그 동기가 자신과 타인에게 받아들여질 수 있는 것이어야 한다.

마찬가지로 일을 진행해가는 과정에서도 나는 스스로에게 묻곤 한다.

"올바른 과정에 의한 것인가?"

결과를 내기 위해서라면 웬만큼 부정한 행위도 마다하지 않는 사람이 되어서는 안 된다. 그랬다가는 언젠가 자신도 그와 같은 방법으로 피해를 입게 될 것이다. 일을 진행해가는 과정 역시 '사람의 길을 벗어나서는 안 된다'고 나는 믿는다. 그리고 그에 따라 생활하고자 노력하고 있다.

표현을 바꾸어서 이 같은 자문도 필요하다.

"이기심을 가지고 있지는 않은가?"

제멋대로인 마음, 자기중심적인 발상으로 사업을 진행하고 있지는 않은지 점검해보는 것이다.

어떤 경우건 동기가 선하고 실행 과정이 선해야

한다. 그럴 수만 있다면 결과는 볼 필요도 없이 성공으로 이어질 것이다.

"널판 한 장 밑은 지옥"이란 말이 있다.

창업한 지 얼마 되지 않은 기업의 사원들은 이런 표현처럼 당장 내일이 보장되지 않는 위험한 상황에서 일하게 된다. 그런 상황에서도 그들은 정말 열심히 일한다.

그런데 회사가 발전하면서 풍족한 상황밖에 모르는 새로운 세대의 사원들이 증가하면 일하는 자세와 의욕이 자칫 변질되기 쉽다. 당연한 일일지도 모르겠다. 강철로 만든 튼튼한 배에 탄 사람에게 "널판 한 장 밑은 지옥"이라는 절실한 마음가짐을 가지라고 말하기는 어려울 것이다.

위태로운 상황에서는 주위 환경이 태만을 용서하지 않았고, 따라서 필사의 각오를 다져야 했다. 그러나 필요한 설비도 모두 갖추어져 있고, 자금까지 여유롭고 풍족한 여러모로 혜택을 받은 환경에서 생활해온 사람에게 벤처 정신을 고무시켜 새로운 사업을 일으키라고 하는 것은 정신적으로 가혹한 일일 것이다.

그러나 과감하게 도전하기 위해서는 환경에 기대지 않고 자신을 극한으로까지 몰아넣는 정신력이 필요하다. 옳은 동기에 의한 것인가, 옳은 과정에 의한 것인가를 끊임없이 물으며 자신을 돌아보는 관리능력이 필요하다.

정신적으로 자기 자신을 궁지로 몰아넣을 수 있는 사람, 나태해지려는 자신에게 엄격한 과제를 부과할 만큼 견실한 사람, 자신에게 진지하게 자문하고 성찰할 수 있는 사람.

이런 리더에게는 뒤처지지 않고 새로운 활로를 개척해나갈 힘이 있다.

고정관념의 틀을 깨라

아무리 경제변동이 급격한 때라도 늘 이익률 5퍼센트를 달성하는 기업이 있다. '5퍼센트가 이익률의 상식'이라고 리더 스스로가 생각하고 있는 기업의 예다. 5퍼센트 이하로는 떨어지지 않았으면 하는 바람이 의식 속에 강하게 자리를 잡고 있기 때문에 5퍼센트 달성을 방해하는 요소에 대해 강력한 액션을 취하게 되고, 그래서 큰 폭의 하락으로는 이어지지 않는 것이다.

그런 반면, 이런 기업은 수익률 5퍼센트를 크게 초과하는 경우도 많지 않다. 실적이 떨어지는 것은 경계하지만, 그 경계심이 10퍼센트, 15퍼센트 등 더욱 높은 성과를 올리겠다는 의식으로 이어지지 않는다. 5퍼센트 이상은 불가능하다는 의식이 깊숙이 자리하고 있기 때문이다.

바로 이것이 고정관념의 무서운 힘이다.

상식에 기반을 둔 목표를 설정하고 상식 수준에서의 이익률을 올리는 것에 만족한 나머지, 그 이상의 발전과 향상을 바라지 않게 되는 것이다.

고정관념에 기초한 경영을 해서는 안 된다. 틀에 사로잡혀서는 발전이 없다. 마음이 자유로운 사람이 되어야 한다. 창조적인 발상과 고수익을 바란다면 반드시 그렇게 해야 한다.

자신의 상식을 부수고 자기를 변혁해가는 것, 성공을 바라는 리더라면 필히 갖춰야 할 자세다.

리더는 매일 조직 안팎으로 다양하게 발생하는 문제들을 보고받는다. 그런데 고정관념에 갇힌 채 실무자들로부터 내용을 접하다 보면, 이야기가 상당히 뒤엉켜버리는 때가 많다. 유능한 리더라면 이런 고정관념으로부터 자유로워져야 한다. 실타래 같은 내용을 잘 풀고 정돈해서 해결한 후 그에 대한 해결책을 생각해내야 한다.

뒤엉킨 보고 내용을 풀기 위해서는, 첫째 먼저 고정관념에서 벗어나야 한다. 둘째, 문제가 왜 발생한 것인지 '원점으로 되돌아가서' 생각해봐야 한다. 현재 상황에서 한 걸음씩 거슬러 올라가, 결국은 문제의 발단까지 더듬어서 생각해보는 방식이다. 그러다 보면 어떠한 변천 과정을 통해 문제화되었는지를 파악할 수 있다.

이 방식이 서툰 사람은 얽힌 상태 그대로 문제를 해결하고자 시도하기 마련이다. 하지만 그렇게 해서는 문제가 더욱 엉클어지고 복잡기괴한 모양이 되어 결국 해결할 수 없을 정도가 되어버린다.

쉬운 것을 복잡하게 생각하는 사람이 많다. 반면 복잡한 것을 쉽게 생각하는 방법을 아는 사람도 있다. 전자보다는 후자가 더 현명한 사람임을 누가 봐도 알 수 있다.

경영에서든 기술개발에서든 다양한 현상 속에서 핵심을 쉽고 빠르게 찾는 능력을 갖출 필요가 있다.

조직이란 무엇인가.

나는 회사를 경영하면서 '우리 회사는 적어도 이러한 조직이 되어야 한다'는 생각을 하지 않는다. 다시 말해 그런 선입견을 가지고 있지 않다.

이에 비해 대부분의 경영자가 조직운영과 인사관리에 대한 나름의 고정관념과 선입견을 가지고 있는 것 같다. "우리 조직은 이렇게 되어야 한다"고 생각한다. 과거의 경험이나 경험을 근거로 조직을 만들어나가기도 한다. 머릿속에 있는 틀에다 조직을 끼워 맞추는 것이다.

나는 조직이란 현재 회사가 존재하기 위해서, 현재 회사를 효율적으로 운영해 나가기 위해서 필요한 것이라고 생각한다. 이러한 생각에 기초해 조직이 필요해지면 그때마다 만들고, 이러한 기능을 다하기 위해 필요한 인원을 그때마다 필요한 곳에 배치한다.

조직이 있어야 경영이 성립되는 것은 아니다. '지금의 경영을 위해서 필요한 조직은 무엇인가' 하는 관점에서 생각해야 한다.

처음 회사를 설립했을 때, 나는 경영에 대한 경험이 거의 없었다. 경영에 관한 상식이나 지식 또한 갖고 있지 않았다. 그랬기에 기존에 가지고 있던 조직에 대한 개념을 스스로에게 다시 묻는 것에서부터 출발할 수밖에 없었다.

조직을 이끌어갈 때는 고정관념과 선입견에 얽매여서는 안 된다. 리더라면 종종 본질로 돌아가 현재를 바라보는 지혜가 필요하다.

사물의 도리란 무엇인가, 사물의 본질이란 어떠한 것인가. 이를 기준 삼은 경영 철학을 갖추고 있어야 한다.

욕심을 버리는 것이 비결이다

경영자에게 '세금을 납부하는 일'이란 마치 칼로 몸을 베듯 아픈 일이다. 최선을 다하여 벌어들인 이익 중에는 외상매출금도 포함되어 있기 마련이다. 그럼에도 그 전체 액수에 대해서 현금을 지불해야 한다. 이처럼 세금은 가혹하기까지 하다.

이것은 경영자만이 겪는 고통인지도 모르겠다. 직원들이야 월급만 제대로 받는다면, 회사가 내는 세금이 아프기는커녕 가렵게 느껴지지도 않을 것이다.

그러나 경영자에게 세금은 마치 생돈을 빼앗기는 느낌이기 쉽다. 그래서 세금을 피하기 위해 잔꾀를 부리는 경영자들도 나타나는 것이다.

물론 이것은 착각이다. 회사의 이익은 결코 경영자의 소유가 아니다. 또한 세금은 회사를 괴롭힐 목적으로 강요되는 것도 아니다.

나는 이러한 '세금의 착각'에 빠지지 않도록 '경영은 게임'이라고 생각하고자 노력하는 편이다. 다시 말해 이익을 돈이 아니라 '득점'이라고 생각하는 것이다. 그렇게 하면 경영 문제를 제삼자로서 담담하게 바라볼 수 있다. 판단을 그르칠 확률이 크게 적어지는 것이다.

'사심을 버리는 것.' 이익을 추구하는 기업의 경영자 입장이기는 하지만, 역설적으로 욕심을 버리는 것이 경영의 비결이라고 말하고 싶다.

"상당한 수익을 올리고 있으며, 그 대부분을 이익으로 남기고 있습니다"라는 경영자의 이야기를 들을 때가 종종 있다. 고액 세금을 피하기 위해 지나치게 사치스러운 접대비 등을 잡아서 되도록 이익을 적게 보고하는 경우다.

이익이 발생하면 반 이상은 세금으로 지불되지만 남은 반가량은 기업의 내부에 남을 것이다. 기업 경영의 본질을 생각한다면, 이 같은 '세후 이익'을 중요하게 생각해야 한다.

기업에 살을 붙이고 체력을 높이기 위해서는 이익을 비축해야 한다. 그리고 이로써 내부유보가 탄탄해져 높은 자기자본비율을 유지할 수 있다. 그러므로 아무리 가혹한 세금이 붙더라도 '높은 이익을 확보할 수 있도록' 노력해야 한다.

일본 기업의 자기자본비율이 낮은 것은 세제(稅制) 탓이라고 한다. 그 점은 차치하고 나는 일본 경영자가 가진 철학의 문제를 지적하고 싶다.

나는 늘 '세금은 경비와 같다'고 생각했다. 그리하여 세금을 제한 잔액을 당당하게 기업 내부에 축적해왔다. 그 결과 탄탄한 내부유보를 실현할 수 있었다. 또한 기업의 안정성과 신뢰성을 높이고, 무엇보다도 종업원의 고용 확보를 가져올 수 있었다. 튼튼한 체력을 갖추었기에 새로운 사업에 과감히 도전할 수 있었음은 물론이다.

  세금에 대해 담담하고 당당해져야 한다. 세상의 모든 예비 리더들에게 당부하고 싶은 말이다.

가격을 결정하는 것이 경영이다

나는 종종 "가격을 결정하는 것은 곧 경영"이라고 말한다.

결정된 가격은 시장에서 경쟁력과 직결되므로 시장가격에 신경을 쓰지 않을 수 없다.

시장가격보다 크게 낮춰 이윤을 적게 하고 대량으로 판매할 것인가, 시장가격과 비슷하게 하여 많은 이윤을 취하면서 소량 판매할 것인가.

가격을 설정하는 방법은 다양하다. 다만, 그 가격

으로 기업의 성과에 중대한 영향이 따른다는 점을 고려해야 한다.

기업 경영자는 누구나 이윤에서 극대치를 구하고자 한다. 그런데 여기에는 너무도 다양한 요소가 복합적으로 영향을 미친다. 어느 정도의 이윤을 취했을 때 어느 정도의 수량이 판매되는가를 예상하는 것은 굉장히 어려운 일이다. 가격 결정은 경영을 크게 좌우하는 중차대한 문제다. 그래서 나는 '경영자 스스로가 가격 결정을 해야 한다'고 생각한다. 다시 말해 가격을 결정하는 것이 경영이라는 얘기다.

어떤 가치를 가장 중점에 둘 것인가는 경영자의 철학에 기인한다. 강인한 사람은 강인한 부분에서 가격을 결정하고, 유약한 사람은 유약한 부분에서 가격을 결정할 것이다.

만약 가격결정에 따라 회사의 실적이 나빠졌는가? 이는 경영자가 가진 그릇의 문제이자 마음의 문제다. 즉, 경영자의 빈곤한 철학이 만들어낸 결과인 것이다.

원재료비에 모든 비용을 포함시켜 이익을 추가하는 방식, 이른바 쌓아 올리는 방식을 '원가주의'라 한다. 그런데 나는 원가주의로 가격을 결정하지 않는다. 일반적으로 가격이라고 하는 것은 경쟁원리를 통해 시장 메커니즘 속에서 결정된다. 즉, 손님이 가격을 결정하는 것이다. 나도 손님이 가격을 결정하도록 하고 있다.

그렇게 가격이 시장에서 결정되면, 다음에는 제조 단가를 최소화시키려는 노력을 해야 한다. 제조 단가와 가격과의 차이, 바로 그것이 이익이다. 따라서 제조 단가를 최소화하려는 노력은 기업의 이익을 극대화하려는 노력이기도 하다.

제조 단가를 최소화하기 위해서는 일단 틀을 벗어나야 한다. '원재료비가 몇 퍼센트, 인건비가 몇 퍼센트, 모든 경비가 몇 퍼센트' 하는 식의 고정관념은 일절 배제해야 한다. '시장이 요구하는 가격'과 '품질조건을 만족시키는 범위에서 가장 저렴하게 생산하는 방법'을 생각해내야 한다. 기업 경영의 모든 과정에서 그 한 가지 포인트에 집중해야 한다.

손님의 니즈에 부합하면서 동시에 최대의 이익을 올리기 위해 노력하는 것, 이것이 두 마리 토끼를 한꺼번에 잡는 경영의 묘다.

| 8장 |

리더의
길에
답하다

마음을
바로 세우고
덕을 높여라

경영자로서 나는 직원들에게 늘 엄격한 것들을 요구해왔다. 그것이 가능했던 이유는 우리 회사가 이른바 족벌경영을 하지 않기 때문이다. 족벌경영 기업이라면, 직원들을 상대로 한 엄격한 요구가 '경영자 일족의 사리사욕에서 비롯된 것'으로밖에 받아들여지지 않을 것이다.

나는 내 2세가 회사의 철학을 계승할 수 있을 거라고 확신할 수 없었다. 기업의 정체성을 확립시키는 것이 기업 철학이며, 그러한 기업 철학의 계승이 없고서는 기업의 지속적인 발전이 있을 수 없다. 나는 사원 중에 훌륭한 인격과 넘치는 열정, 우수한 능력을 가진 인물 가운데 회사의 철학을 계승할 수 있는 한 사람에게 회사의 미래를 맡기고자 생각하고 있다.

회사는 창업자의 것이 아니다. 경영자가 따로 있다 해도 그 사람의 것 또한 아니다. 회사는 직원들 모두의 것이다. 그 사실을 직원들 모두 마음으로 인식할 수 있도록 해야 한다.

경영자의 생각과 행동, 회사의 방침과 철학에 단 한 조각의 사심도 없음을 알도록 해야 한다. 그것만으로도 경영자는 직원들에게 엄격한 것을 요구할 수 있고, 직원들 역시 이의 없이 따라오게 될 것이다.

사원들의 일하는 자세는 바로 경영자의 자세로부터 나온다. 성공한 중소기업의 경영자들 가운데는 지고는 못 사는 성격으로 투지가 넘치는 사람이 많다. 이들은 장사의 기회를 포착하는 날카로운 눈을 가지고 있다. 또한 세심한 부분에까지 생각을 집중하는 비범한 기지와 '살아 있는 말의 눈알을 그대로 뽑아낼' 만큼 노련한 장사의 재주도 가지고 있다.

사업이란 이러한 기지와 장사의 재주만 가지고 있어도 대개는 잘 꾸려나갈 수 있다. 문제라면, 그것만으로는 '파멸할 가능성'이 항상 남아 있다는 점이다.

번득이는 기지와 장사의 재주에만 의지하는 사람은 '일을 닥치는 대로 처리할 가능성'이 적지 않다. 따라서 단기적으로 좋은 성과를 올리는 경우는 많으나 이를 경영 전반에 비춰 볼 때는 상당히 위험하다고 할 수 있다. 이를 "재능에 빠졌다"고도 한다. 주관 없이 재능에만 휘둘리고 있다는 얘기다.

이와는 달리 재능을 자유자재로 부리는 사람이 있다. 고결한 인격과 덕을 겸비하여 스스로 재능을 끊임없이 컨트롤하는 것이다. 이때의 주인공은 어디까지나 '자기 자신'이다.

태어날 때부터 완벽한 인격을 갖춘 사람은 없다. 사업에 나선 사람 대부분이 처음에는 강렬한 투지를 내뿜으며 자신이 가진 기지와 재주에 의지해 사업을 펼쳐나간다. 이게 나쁘다는 소리는 아니다. 그러나 사업을 평생의 소임으로 삼으려면 '재능'의 다음 단계로 '덕'을 높여야 한다. '자기 자신'을 만들어가야 한다.

경영자는 매일 상상도 못할 만큼 많은 문제에 대해 판단을 내려야 하는 위치에 있는 사람이다. 매 순간이 판단의 연속이라고 해도 좋을 정도다. 오른쪽을 취할지 왼쪽을 취할지 매번 마주해야 하는 판단의 어려움은 제아무리 유능한 경영자라 해도 피할 수 없는 일이다. 고민에 지치다 못해 무속인을 찾아가 도움을 청하는 이도 있을 정도다.

그 어려움이 어느 정도이건 그걸 풀어가는 방식이 어떠하건 경영인이라면 계속해서 어떤 판단을 내려야만 한다.

이러한 판단을 좌우하는 요소는 두 가지, '마음'과 '인생관'이다.

이기적이고 자기중심적인 사람이면, 모든 판단의 기준이 단순히 '손해인가 이익인가' 하는 한 가지에 집중되기 마련이다. 지나치게 상냥한 마음씨를 가진 경영자라면, 정에 얽매인 나머지 비즈니스에서 벗어난 판단을 내릴 가능성도 있다.

제2차 세계대전 당시, 육해공군을 불문하고 중책을 담당하던 장관 중에는 중국의 고전에 심취한 이들이 많았다고 한다. 인간의 지식을 넘어선 것에 대해 판단을 종용당하는 상황, 전진하는 것이 옳은지 후퇴하는 것이 옳은 선택인지 신만이 알 수 있는 급박한 상황에서 다급하게 명령을 내려야만 했던 그들은 '인간의 도리'에 대한 가르침을 고전에서 구했다. 그렇게 마음의 수련을 쌓은 것이다. 명장이라고 불리는 사람들은 대부분 '자신의 마음이 곧 판단의 기준'이 된다는 것을 알고 있었다.

그러므로 리더라면 모름지기 철학을 가져야 한다.

나를 위해, 조직을 위해, 조직 안의 많은 직원들을 위해 현명한 선택을 할 수 있도록 마음을 바로세워야 한다.

'보이는' 목표를 설정하라

    연간 매출목표를 세울 때, 쉽게 달성할 수 있도록 위축된 목표를 내세우는 것은 어리석은 일이다. 비록 달성하기엔 다소 무리한 수치일지라도, '이루고 싶은 욕망'에서 비롯된 높은 목표를 내세워야 한다.

    나는 항상 그렇게 해왔다. 그 결과 목표를 달성하지 못하더라도, 목표를 달성하지 못했다는 이유만으로 사원들을 탓하지는 않는 게 내 원칙이다.

    그런데 한편으로는 목표 달성에 실패하는 일이 잦

아지면, 이게 습관으로 굳어질 수 있다. 다시 말해 사원들이 자신감을 잃어버릴 수 있다. 역시 목표란 달성하기 위해 존재하는 것이니 말이다.

목표를 효과적으로 달성하기 위해서는, 전 직원이 목표를 공유하는 데서 출발해야 한다. 목표에 관심이 있는 사람이 경영자 한 사람뿐이라면, 그 목표가 이뤄질 가능성은 거의 없다고 봐도 무방할 것이다.

또 하나, 조직의 최소단위까지 목표를 세분화해야 한다. 그리고 각자 맡은 바 위치에서 성실하게 자신의 목표를 추구하려는 마음가짐을 다져야 한다. 그리하여 각 부문에서 목표를 달성할 수 있게 되면, 전체의 목표도 저절로 달성될 것이다.

연간뿐 아니라 월 단위 목표도 설정해야 한다. 누적된 연간 수치만을 목표로 제시하는 것은 동기부여 측면에서 힘이 빠질 수 있다.

이처럼 경영자는 공간적으로, 시간적으로 구성원 전원에게 '보이는' 목표를 설정할 줄 알아야 한다.

진정한 경영자란 자신이 가진 모든 지식과 능력,

몸과 마음을 바쳐 조직을 경영하는 사람이다. 아무리 훌륭한 경영실무, 이론, 철학을 이해하고 있다 해도 그것만으로 진정한 경영자가 되는 것은 아니다.

경영자에게는 책임감이 있어야 한다. 목숨을 걸 정도의 책임감으로 매일을 살고, 그러한 자세를 얼마만큼 유지할 수 있는가에 따라 경영자의 진정한 가치가 결정된다.

경영에 자신의 몸과 마음을 바쳐 전념하는 리더는, 자기 자신에게 상당히 가혹한 일을 하는 셈이다. 자신만의 시간은 조금도 갖지 못한 채, 체력적으로나 정신적으로나 견딜 수 없을 만큼의 무거운 책임을 매 순간 감수해야 하니 말이다. 그러나 그러한 상태를 극복하지 못한다면, 진정한 경영자로서의 자질을 닦아나갈 수 없을 것이다.

"일인자와 이인자 사이에는 하늘과 땅만큼의 차이가 있다"고 흔히들 말한다. 책임을 통감하며 목숨을 걸고 일하는 리더와 매달 월급만 바라보며 타성에 젖어 생활하는 샐러리맨의 차이가 이와 같을 것이다.

경영 자체에 실수나 문제가 있을 때 경영이 악화되는 것은 당연하다. 그러나 빈틈없이 훌륭하게 경영을 지속하고 있다 하더라도 돌발적인 우환까지 피할 수는 없다. 예를 들어 '엔고'와 같은 국제경제의 변동에 따라 상당한 충격을 받기도 한다. 만반의 준비를 갖추고 있다고 하더라도 예상치 못한 외부 요인에 의해 큰 피해를 볼 수 있다. 이런 일은 본인의 잘못으로 말미암은 것은 아니다. 그렇다 해도 경영자로서의 책임이 없어지지는 않는다. 경영자는 모든 일에 대해 최종적으로 책임을 지는 사람이기 때문이다.

이처럼 경영자로 살아간다는 것은 책임은 무겁고, 한순간도 마음이 편할 틈이 없으며 매 순간 정신없을 정도로 노력을 거듭해야 하는 것이다. 더욱이 그렇게 해야만 비로소 '보통'이라고 평가받는 것이기도 하다. 생각하면 할수록 수지가 안 맞는 일인지도 모른다. 이처럼 힘들게 살아가는데 경영자는 과연 그만큼의 대가를 받고 있는 것인가?

나는 그렇다고 생각한다.

몸을 바쳐 노력하는 경영자들이 있기에 오늘도 많은 직원들이 미래에 대한 희망을 품고 업무에 열중하고 있다. 경영자에게 사심 없는 신뢰와 존경을 보내면서 말이다. 타인의 즐거움과 감사를 받는 뿌듯함, 이것이야말로 돈으로도 살 수 없고 세상 무엇으로도 대신할 수 없는 대가 아닐까.

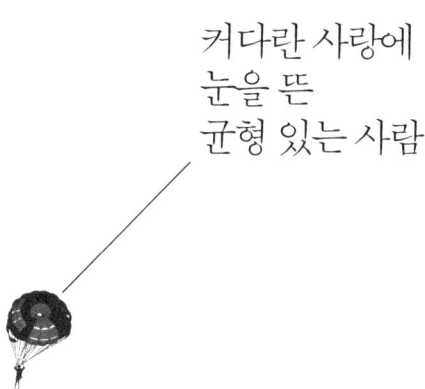

커다란 사랑에
눈을 뜬
균형 있는 사람

 지도자는 때로 쉽지 않은 결정을 내려야만 한다. 그때 '자기희생의 정신'이 없다면 아마도 독선적인 결정을 내리기 쉬울 것이다.
 여기 한 경영자가 있다. 그는 무역마찰로 인한 자유화 문제와 관련하여 무역수지 불균형을 해결하지 않으면 일본은 국제적으로 고립될 것이라는 인식을 가지고 있다. 이 사람은 일본이 수입자유화를 촉진해야 한다는 주장에 대해서도 찬성한다. 그런데 그

것이 자신의 업계에 영향을 미치게 될 경우에는 금세 목소리를 낮추고, 경우에 따라서는 일순간 반대로 돌아서기도 한다.

총론에는 찬성하지만 각론에는 반대하는, 겉으로 내세우는 말과 본심이 다른 일본 특유의 현상이다.

지도자는 자기희생의 용기를 가지고 있어야 한다. 희생정신이 없는 지도자는 자신의 조직에, 더 나아가 자기 자신에게 불리한 결정은 절대 내리지 못한다. 그리고 그것은 결국 집단 및 사회에 심각한 불행을 가져온다.

올바른 가치를 가져야 한다. 그리고 그것을 올바른 채로 끝까지 추구해야 한다. 그 때문에 자신에게 손실이 닥치더라도 그마저 감수할 수 있는 용기를 가져야 한다. 이는 자기희생의 정신을 가진 경영자만이 할 수 있는 일이다.

이처럼 힘든 결정을 내릴 수 있으려면 경영자는 균형 있는 인간성을 가져야 한다.

기업 경영을 하다 보면 항상 결정을 강요받기 마

련이다. 그리하여 어떤 경우에는 간부부터 직원까지 그리고 거래하는 은행에서조차 반대하는 와중에도 홀로 버텨야 할 때도 있다. 자신의 신념을 믿고 '수천만의 적이 몰려와도 의연한 기개'로 사업을 단행하는 용기를 발휘해야 한다. 어떤 경우에는, 말단 사원 한 명의 말에 겸허하게 귀를 기울이고, 자신의 계획이 잘못되었다면 이를 철회할 용기도 필요하다.

이처럼 경영자에게는 신중함과 대담함이 모두 필요하다. 이는 대담하지도 신중하지도 않은 중용과는 다른 의미다.

끊임없이 결단을 내려야 하는 경영자에게는, '원만한 인품' 이상의 무엇이 요구된다.

"일류의 지성이란 두 가지 서로 대립하는 생각을 동시에 마음으로 끌어안으면서 정상적으로 기능하게끔 하는 능력을 의미한다."

미국의 작가 F. S. 피츠제럴드의 말이다.

직원을 대하는 방법서도 때로는 "눈물을 머금고 마속의 목을 베듯이" 냉혹할 정도로 엄격하게 대할 필요가 있다. 그리고 때로는 부처와 같이 인정미가 넘치는 태도를 보여줘야 한다. 이 모두가 경영자에게 필요한 태도다. 상반되는 양 극단의 인격을 겸비하고 상황에 따라 올바르게 구사하는 재능이 필요하다.

"매일 늦게까지 일하고, 휴일에도 분주히 뛰어다니느라 가정을 돌볼 시간도 없으시죠? 가족분들이 참 힘드시겠네요."

많은 이들이 나에게 하는 말이다. 그러나 나는 내 가족이 희생을 당하고 있다고는 생각지 않는다.

자신을 지키고 가정을 지키는 것은 작은 사랑이다. 이에 비해 기업 내 수많은 직원의 행복을 위해 희생하는 것은 커다란 사랑이다. 나는 이 커다란 사랑을 내 사명으로 느끼고 있다.

그러나 나는 이 사랑을 다른 사람에게 강요하지는 않는다. 자기 자신의 진정성에서 커다란 사랑에 눈을 떠야 한다. 그래야 제대로 된 사랑과 기꺼이 희생하려는 마음, 책임감이 우러나오는 법이다. 가족과의 관계를 더 소중하게 여기는 사람에게 이러한 사랑을 강요할 수는 없다. 만약 그렇게 한다면 그를 "회사에 충실하면 할수록 가족에게 소홀해진다"는 딜레마에 빠뜨리는 것이기 때문이다. 그뿐 아니라 그런 강요는 조직에게도 이로울 게 없다. 그런 이가 리더로 있는 조직이라면 남다른 발전 같은 것은 기대할 수 없지 않겠는가.

그래서 나는 커다란 사랑에 눈뜬 사람이 어서 나타나기를 바라고 있다. 조직의 행복을 가져다줄 수 있는 경영자란, 이처럼 커다란 사랑에 눈을 뜬 사람이어야 한다고 믿기 때문이다.

어떻게 일하고 어떻게 살 것인가
일심일언

제1판 1쇄 발행 | 2013년 6월 5일
제1판 19쇄 발행 | 2024년 5월 3일

지은이 | 이나모리 가즈오
옮긴이 | 양준호
펴낸이 | 김수언
펴낸곳 | 한국경제신문 한경BP

주소 | 서울특별시 중구 청파로 463
기획출판팀 | 02-3604-590, 584
영업마케팅팀 | 02-3604-595, 583 FAX | 02-3604-599
H | http://bp.hankyung.com E | bp@hankyung.com
F | www.facebook.com/hankyungbp
등록 | 제 2-315(1967. 5. 15)

ISBN 978-89-475-2913-6 03320

책값은 뒤표지에 있습니다.
잘못 만들어진 책은 구입처에서 바꿔드립니다.